子どものつぶやきから始める
主体的で深い学び

問いを創る授業

鹿嶋真弓
KASHIMA Mayumi

石黒康夫
ISHIGURO Yasuo

［編著］

図書文化

> 編著者に聞く！

「子どもの言葉で問いを創る授業」って何ですか？

対談Ⅰ 鹿嶋真弓×石黒康夫

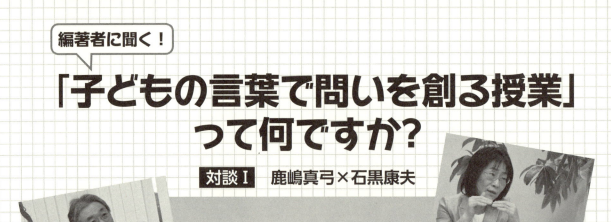

　現在，大学で教鞭をとる編著者のお二人は，元は同じ中学校の教員同士（鹿嶋先生は理科，石黒先生は数学を担当）。教師の指導力の向上，学校の指導体制づくりに貢献するため，2016年にTILA教育研究所を設立しました。ここでは，「子どもの言葉で問いを創る授業」とは何か──その本質と本書誕生のいきさつについて語っていただきました。

──早速ですが，「子どもの言葉で問いを創る授業」の目的を端的に教えていただけますか？

石黒　先日，面白い動画を見ました。家の部屋の廊下を黒猫が歩いていて，反対側からヒモにつないだ風船を持った人が歩いて来てすれ違う。空中にフワフワ浮かぶ風船が気になったのでしょう。猫は「ん？」という顔をして一瞬立ち止まり，くるっと向きを変えて急いでそのあとを追いかけて行ったんです。子どもたちにこういう態度を育てたい。端的に言うと，これが本授業の目的です。

──ん？　どういうことですか？

石黒　そういうことです（笑）。「ん？　どういうこと？」と「気になること」を追いかけていく。猫は人から命令されて何かを追いかけはしませんよね。純粋に気になったから自分の意思で追いかける。子どもたちにそういう態度を育てたいのです。「気になること」は，「面白い」や「不思議」，あるいは「何か変だな」かもしれません。大事なのは，風船のようにフワフワと浮いている「気になること」は，教師から与えられたものではなく，子どもたち自身の中からフツフツとわき上がってきたものだということです。

対談I 「子どもの言葉で問いを創る授業」って何ですか？

——フワフワ浮かぶ風船を追いかける猫のように
自分の「気になること」を追いかける子どもを育てる

鹿嶋 そう，「気になること」は他人から与えられるものではありません。他人から与えられた疑問はあくまで他人の疑問であって，自分の疑問ではない。だから，自分自身の「気になること」にはなりません。でも日本の教育では，教師が発問し，子どもたちが答える教師主導のスタイルを長年続けてきました。

石黒 教師主導スタイルの授業の冒頭を，再現してみましょう。「……まず授業の復習をしましょう。30％の食塩水250ℓに含まれる食塩の重さを求めるにはどうしたらよいでしょう。説明できる人は？」と，最初は子どもたちに考えさせようとします。でも，だれも手をあげなければ，「あれ？ 忘れちゃったのかな。先生説明したぞ。覚えている人！」と思い出させる作業に変わります。最後は「ノートに書いてあるだろう。前のノートを探してごらん」と，探す作業になってしまいます。

授業の多くは，反復練習と暗記が中心になりがちです。知識や技能を身につけることは大事ですが，いちばん大事な「考える」という側面が置き去りにされていると思うのです。

鹿嶋 教師の発問があって，答えがわからなければ，あるいは興味がなければ，考えようとせず，わからないままに終わってしまいます。テストがあるから暗記はしますが，テストが終われば忘れてしまう。そこに学習に対する子どもたちのワクワク感はありません。

石黒 レオナルド・ダ・ヴィンチは，芸術，建築，数学，物理学，天文学，解剖学など，多分野で業績を残しています。昔，学問は現在のように細分化してはいなかった。自然や身近なものから「これは何？」「なぜ？」「もしかしたら」と考える。それを確かめるために縦断的・横断的に追究していきました。いまは，教師の発問による答えありき，法則ありきの授業で，まずそれを勉強するわけです。これではワクワク感は得られにくい。答えはもうそこに書いてあるわけですから。

そこで私たちが提案するのが，授業と学び方のパラダイムシフト，「子どもの言葉で問いを創る授業」です。教師の発問ではなく，子ども自身の中からフツフツとわき上がってきた「気になること」を子どもの言葉で問いにし，この問いから授業を展開する。これによって，教師主導の授業から，子ども主体の創造的な授業に転換できるのです。読者の先生方，私たちと一緒にこれを実現しませんか？——この提案が本書の目的です。

——教師が発問するのではなく，子ども自らが問いを創る。この発想の転換はどこからきたのですか？

鹿嶋 子どもたちに，自ら考える力をつけさせるにはどうしたらいいのだろう？——この課題に画期的な方法で応えてくれる一冊の本と出合いました。私と石黒さんが偶然，同時期に読んで，ビビッときた本，それが『たっ

た一つを変えるだけ——クラスも教師も自立する「質問づくり」』(ダン・ロスステイン,ルース・サンタナ著,吉田新一郎訳,新評論,2015)です。二人で本書の感想を伝え合うなか,これまで私たちが無意識の中で大切に実践してきたことが,米国で20年以上も研究・実践されていたことに衝撃を受けました。

石黒 タイトルの『たった一つを変えるだけ』の意味は,基本的には授業は従来していることとほぼ同じで,ただ一つ変えることとは,「教師が発した質問に生徒たちが答えるのではなく,生徒たちが自らの質問をつくり出せるように導くこと」だということ。このシンプルメソッドで,パラダイムシフトが実現できる,そう思いましたね。

質問をつくることの大切さについて本書では,米国の教育評論家ニール・ポストマンの言葉を借りて次のように言っています。「私たちがもっている知識は質問の結果です。実際,質問をすることは人間がもっているもっとも重要な知的ツールです。このもっとも大切な知的ツールを学校で教わらないというのは不思議なことだと思いませんか?」と。

いままで学校では教えてこなかった「問う力」を,意図的に子どもたちに身につけさせることができると確信しました。

鹿嶋 『たった一つを変えるだけ』の中に,主体的・対話的な学び手となった子どもたちの姿を垣間みることができました。

私はいてもたってもいられなくなりました。というのも,「主体的・対話的で深い学び」の準備体操として,「脳に汗をかく」をキャッチフレーズに『ひらめき体験教室へようこそ!』(鹿嶋真弓,図書文化,2016,27ページ参照)を紹介したものの,それに続く授業については各先生方に丸投げ状態のままだったのです。

石黒 子どもの言葉で問いを創ることによって,結果的に,文科省いうところの「主体的・対話的で深い学び」が実現できるのです。子どもの言葉で問いを創る授業は,「主体的・対話的で深い学び」を実現する一つの方法といえます。

鹿嶋 メソッドはわかったものの,この本に紹介されている米国での実践をそのまま日本の教育現場で実施するのはむずかしい。日本の教育になじむよう,かつ先生方が活用しやすいように考える必要がありました。

ありがたかったのは,TILA教育研究所

——「子どもの言葉で問いを創る授業」は授業と学び方のパラダイムシフト。
教師の発問による答えありきの授業から,
子どもが自らの言葉で問いを創る創造的な授業へ!

対談Ⅰ 「子どもの言葉で問いを創る授業」って何ですか？

——「子どもの言葉で問いを創る授業」で問う力を養い，子どもがワクワクする「主体的・対話的で深い学び」の実践を

（167ページ参照）主催の講演会や研修会に参加された先生方が，問いを創ることの大切さに共感し，すぐに授業を行ってくださったことです。先生方が授業を行いながらブラッシュアップされた指導案や実際の授業風景を目の当たりにしたとき，これだ！と確信しました。授業の中に問い創りを自然と溶け込ませ，主体的・対話的で深い学びへと導いていらしたのです。現場で実践できる，子どもの言葉で問いを創る授業の始まりです。

——その研究と実践の成果が本書というわけですね。授業プロセスの大筋を教えてください。

石黒 まず事前に教師が「不思議のタネ」を考えます。これは，子どもたちの創り出す問いの出発点となるものです。

授業の流れは次の6ステップです。①問い創りを行うためのルールについて話し合う。②教師が，不思議のタネを提示する。③子どもたちが，自らフツフツとわき上がった気になること，「問い」をどんどん書き出す。初めは個人で考え，次に4人前後の班で考えを発表し合う。その際，問いを書き直す手段として「質問の仕方」を学ぶ。④問いの中からとても知りたいと思う問いを絞る。さらに，それがほんとうに自分の知りたいことを問う問いになっているか再考する。⑤絞った問いの活用法を考える。⑥最後にふりかえりを行う——これが一連の流れです（8ページ参照）。2回目の授業からは一部が簡略化されます。

この授業はどの教科，領域でも活用できます。例えば，授業の導入，調べ学習の準備，学級のルールづくり，行事の意義や部活動の練習方法を考えるなどです。小学校から大学まで，幅広い年齢層で実施していただけます。

——では，本授業で子どもたちに身につく力とは何ですか？

石黒 多くの問いを創り（拡散思考），大切なものに絞る（収束思考）という過程の中で，子どもたちは多くのことを考えます。課題に問う力，他者に問う力，自分に問う力（自己内対話）といった問う力に磨きをかけ，自分で疑問点を洗い出し，答えを見つけていく力を身につけます。子どもたちが一生懸命に創った問いは，自我関与の成果物であり，学習のモチベーションになります。また，子どもたちは閉じた質問・開いた質問という質問の仕方も学びます。問いは理解の深

まりを反映するものです。問いを創ることで自分は何がわかっていて，何がわかっていないのか，何を知りたいのかに気づきます。友達と意見交換するなかで，自分とは異なる考え方や価値観にふれ，考え方・価値観を修正したり，広げたりすることができます。メタ認知が育ち，互いに認め合い尊重し合うことを学ぶのです。

——本授業での教師の役割は何ですか？

鹿嶋 本授業は究極のアクティブ・ラーニングといえます。アクティブ・ラーニングにおける教師の役割を単に教えないことと勘違いされている先生がいるようです。これは放任と見守りの違いに似ています。放任は「ご自由に。私は手も口も出しません」。見守りは，準備万全に整えいくらでも救う手はもったうえで，子どもの自立的な行動を見守ります。

本授業での教師の役割は「変化を促す人」。準備万端整えたうえで，見守り，促進者に徹します。子どもたちの変化を促すために教師は意図をもって不思議のタネをつくり，それをもとに子どもが問いを創っているときは，ルールが守られていない場合のみ介入しますが，「その問い，いいね」などの評価はしませんし，質問をされても答えは言いません。

石黒 先生方は質問に即答してしまうことが多いのですが，子ども自身に考えさせ，調べさせることが大切です。例えば，子どもが花を見て「お花は何でキレイなの？」と聞いてきたら，「きれいだね。何でだろうね」と言う。これを繰り返すことで，「不思議。何でだろう？」と考える態度が形成され，この素朴な概念が，やがて教科で形成をめざす科学的な理解の仕方へとつながっていくのです。

教師がみな同じことをすれば，学校中の子どもがそうなっていくでしょう。本授業も，学校全体で行っていただけたらと思います。

——「実践したいけれど，このような授業ばかりしていては教科書が終わらなくなるし，仕事量もふえる」と思われる先生がいらっしゃるかもしれません。

石黒 本授業を行い，知りたいという欲求が高まってきたときに通常の授業を行うと，子どもたちの意欲が違ってきます。「先生，それはどうしてですか？」となり，いつもの授業が変わっていく。ですから，すべての授業でこの授業を行う必要はないのです。自ら問うていく姿勢づくり。考えるトレーニングが本授業の目的です。その使い分けが大切です。

「仕事量が増える」というご心配には，『たった一つを変えるだけ』に記された一文が答えになるでしょう。「教師たちは，質問づくりを導入することで子どもたちの学力を向上させ，学びの自立性・主体性を獲得したうえ，自らがこなすべき仕事量を減らしたのです」

——子どもたちは教師に依存することなく学

——本授業での教師の役割は，子どもたちに考える態度が形成されるよう「変化を促す」こと

対談 I 「子どもの言葉で問いを創る授業」って何ですか？

習を進めるので，教師の仕事は減るというわけです。

鹿嶋 「自由度が高くなると，子どもが何を言うかわからないから実践するのが怖い」と言われる先生もいます。しかし，これはもったいない話です。

私が教師としてめざすのは「出藍の誉れ」。学問は積み重ねてさらに発展するものです。教師を超え，抜きん出る子どもを育てなくては。そのための授業を展開するのです。答えのない課題を考え続け，考え抜くことを楽しむ心を育てることが教師の使命といえます。

そのような授業をすればするほど，教師もまた子どもに超えられないよう踏ん張るしかありません。踏ん張って，踏ん張って，教師も考え続け，考え抜くことを楽しむのです。子どもの自由な発想を大事にして，「不思議だね。何でだろう？」と一緒にワクワクしながら。だから教育は「共育」なのだと思います。

——では，読者の先生方へメッセージを。

鹿嶋 いわゆる「うまい先生」は，いままでも本書で紹介する内容に近い授業をされていたと思います。「うまい先生の名人芸」といわれていた授業展開に「教師の発問から，子どもの言葉で問いを創る」という180度の転換を加えることにより，その「一歩先」の授業を可能にします。本書ではこの授業展開が，わかりやすく体系化され，この一冊を使ってどなたでも実践できるよう構成されています。

「子どもの言葉で問いを創る授業」の理論的背景を理解し，基本型を押さえたうえで実践されることで，子どもたちに変化が起きます。この変化を起こすことができる先生に出会えた子どもたちこそ，考え続ける力，考え抜く力で明るい未来へと変化を起こしてくれることでしょう。何より，子どもが問うことの重要性に気づいた先生だからこそ，これからの授業を変えられるのです。

→対談Ⅱ「子どもの言葉で問いを創る授業」がもたらすものは何ですか？（160ページ）へ続く。

——これからの授業を変えられるのは，子どもが問うことの重要性に気づいたあなた自身です

問いを創る授業

授業のプロセス	Step 1 導入・ルール確認	Step 2 不思議のタネの提示	Step 3 問いを創る
各段階のイメージ	耕し 	種まき 	発芽 
授業の流れ	授業の概要説明（導入）で動機づけ後，本授業のルールを示す。初回のみ，ルールの意義の話し合いを行う。	教師が事前に創った不思議のタネを提示する。	①不思議のタネをもとに，問い創りを行う（個人→班）。 ②閉じた質問・開いた質問について学ぶ。
認知過程	内発的動機づけ	知的欲求・知的好奇心	拡散的思考（発想／創造）
育てたい力 ねらい	・見通しと安心感を得る ・失敗を恐れない心 ・認め合う環境づくり	・学習意欲（面白い／不思議／どうして？／知りたい）	・柔軟な思考力 ・多角的・多面的に検討する力（視点の立て方） ・他者の意見への傾聴力 ・効果的な問いを創る力

授業のイメージ

の 6 ステップ

以下は，本授業の構造と基本の流れを簡略化したものです。詳しくは第3章をご覧ください。

Step 4	Step 5	Step 6
問いを絞る	問いを使う	まとめ（ふりかえり）
苗選び	開花	実り→新しい種

とても知りたいと思う問いを選ぶ。知りたいことを導く問いかを検討する。	創った問いをどのように活用するか，どのように解決するかを考える。通常の授業の過程はここに該当する。	学習のまとめおよび，問い創りの前と後の自分の変化などをワークシートに記入する。
収束的思考（分類／選択／分析／統合）	創造的思考 ・Focus：フォーカス（探求する，追究する） ・Discovery：ディスカバリー（視野を広げる，発見する） ・keep mind：キープマインド（問い続ける）	メタ認知（わかっていること／わかっていないこと）
・知りたいことは何か（学習目標）を抽出する力 ・選択する力 ・分析，比較，評価する力	・目標にあった問題解決方法の選択 ・協働する力（対話力） ・試行錯誤する力	・知識（問いの答え） ・学習方略 ・次の学びへつなげる力（形成的評価）

Contents

■ **対談Ⅰ**

編著者に聞く！〉「子どもの言葉で問いを創る授業」って何ですか？　2

問いを創る授業の6ステップ　8

第1章　これからの授業はこう変わる！

1　「子どもの言葉で問いを創る授業」の実際

　　──不思議のタネ「あさがおをそだてる」　14

2　教師主導から子ども主体の授業へ！　20

3　教師に求められる「学びのマネジメント力」　24

　　Column 1　「ひらめき体験教室へようこそ」　27

　　Column 2　「まちがってくれてありがとう」　28

4　だれにでもできる「考える授業」をめざして　30

　　Column 3　自我関与できる環境を整えよう　34

第2章　子どもの言葉で問いを創る授業とは？

1　教師に求められる学習観の転換　36

2　教科を通して子どもは何を学ぶのか　39

3　問いを創る授業で身につく力　42

　　Column 4　「子どもの言葉で問いを創る授業」にはこんな効果も！　45

第3章 子どもの言葉で問いを創る授業の進め方

1 「子どもの言葉で問いを創る授業」の構造　48

2 「子どもの言葉で問いを創る授業」のやり方　50

3 「子どもの言葉で問いを創る授業」のやり方Q＆A　54

第4章 不思議のタネの創り方

1 不思議のタネとは何か　64

2 不思議のタネの創り方　67

第5章 子どもの言葉で問いを創る授業の実際

1 「子どもの言葉で問いを創る授業」は最初の授業が勝負！　76

2 初回授業（基本形）の実践例

　　──不思議のタネ「日本海と同じ濃度の食塩水をつくる」　78

　　「初回授業（基本形）」ワークシートの説明　84

3 「子どもの言葉で問いを創る授業」2回目以降のやり方　91

　　Column 5-1　いつもの授業に問い創りのエッセンスをプラス！　93

　　Column 5-2　問い創りのエッセンスをプラスした実践例　94

第6章 子どもの言葉で問いを創る授業 実践事例集

❶ 「子どもの言葉で問いを創る授業」の実際
　　　　　　──不思議のタネ「ハゲワシと少女」 98

【小学校編】

❷ 1年生／国語科
　「どうぶつの赤ちゃん」 104

❸ 1年生／道徳科
　「えへん，へん」 108

❹ 2年生／生活科
　「ショウタ君のトウモロコシが消えた」 112

❺ 4年生／算数科
　「2本の直線をひくと三つの仲間に分けられる」 116

❻ 4年生／社会科
　「高知市で交通事故が起こりやすい交差点第2位」 120

❼ 5年生／社会科
　「同じ名前の車です（トヨタ シエンタ）」 124

❽ 5年生／理科
　「へその緒は3本ある」 128

❾ 6年生／算数科
　「この面積を求めるのは簡単」 132

❿ 6年生／体育科
　「フラット走はハードル走より速い」 136

【中学校編】

⓫ 1年生／社会科
　「奈良時代のある村の戸籍」 140

⓬ 1年生／数学科
　「負の数も数の世界の仲間」 144

⓭ 1年生／理科
　「微生物はどこにでもいる」 148

⓮ 2年生／英語科
　「Her Dream Came True」 152

⓯ 2年生／学級活動
　「私たちの中学校では，授業開始の2分前に着席すると成績が伸びた」 156

■ 対談Ⅱ

編著者に聞く！　「子どもの言葉で問いを創る授業」がもたらすものは何ですか？　160

参考文献一覧　166
「子どもの言葉で問いを創る授業」研修会・講習会に参加しませんか　167
あとがき　168

第1章

これからの授業は
こう変わる！

1 主体的・対話的で深い学びの実践
「子どもの言葉で問いを創る

子どもたち自身が問いを創り，考え，決めて実施する「子どもの言葉で問いを創る授業」と，従来の教師主導の授業は何が違うのでしょうか。――中村早希先生（高知市立江陽小学校教諭）の実践（小学校1年生／生活科）からみてみましょう。

いままでの教師主導の授業

従来の栽培活動では，子どもたち全員が失敗しないように，栽培過程も全員がだいたい同じになるように留意しながら行いました。

そのため，栽培方法について一つ一つ指示をしたり，教えたりしながら，教師主導で行ってきました。

種のまき方を教わる

鉢にまく種の個数・間隔・深さなど，すべて教師が指導する。

子どもの言葉で問いを創る授業

教師が指示を出すのではなく，子どもの主体性を大切にした栽培活動を行い，あさがおを育てることを通じて，考える力を育てたいと思いました。そこで，不思議のタネとして「あさがおをそだてる」を提示し，「どう育てていけばいいのか」子どもたち自身が問いを創り，自分が考えた方法で栽培していくことにしました。

種まきに必要なことを考える

不思議のタネ「あさがおをそだてる」をもとに，疑問・意見を出し合い，教師は系統的に板書していく。子どもの意見を尊重し，個々が考えた方法であさがおを育てることを確認する（詳細16ページ）。

第1章 これからの授業はこう変わる！

授業」の実際 ─ 不思議のタネ 「あさがおをそだてる」

全員が同様に栽培活動を行う

鉢の置き場所，水やりのタイミング・量，間引きをする本数，支柱を立てるタイミングなど，すべて教師が指導する。

> 子どもたちの多くは，初めは興味を示して世話をしていましたが，途中から根気強く世話ができない姿も見られました。

一人一人が考えながら栽培活動を行う

種のまき方，鉢の置き場所，水やりのタイミング・量，間引きをする本数，支柱を立てるタイミングなど，すべて子どもたち自身が個々に考えて行う。

> 活動が進むにつれ，あさがおの栽培が子どもたちの学校生活の一部になり，自分なりの工夫をして世話をするようになりました。子ども同士のかかわりが多くなり，互いにアドバイスし合う姿も見られました。

鉢は自分で決めた場所に置く。
※日陰に置いても教師は見守る。

成育のぐあいをみて，支柱を立てる時期も自分で決める。

自分の花に名前をつけるなど大切にする姿も見られた。

15

子どもの言葉で問いを創る授業

不思議のタネ 「あさがおをそだてる」の展開例

○小学校1年生／生活科／単元：きれいな花を育てよう

○**単元目標**：植物を栽培することを通して，その成長や変化，世話の仕方，自分とのかかわりなどに気づくとともに，親しみをもち，大切に育てることができる。

○**授業のめあて**：あさがおを育てることで考える力を育てたい。教師が栽培方法を指導しないことで，①子どもに工夫する余地をもたせる。②子どもの主体性を大切にし，子ども自身が気づき，考え，行動することを繰り返して行っていく過程で，見通しがもてるようにする。③「きれいに咲いてほしい」という願いをもてるようにする。

授業の流れ（T教師／S児童）	指導上の留意点
1．導入 T 「いままでに何かお花や野菜を育てたことはありますか」 S 「鉢植えのお花を買ってきて育てました」など。	●これまでの経験を想起させ，栽培活動への興味・関心を高める。
2．不思議のタネを提示する T 「不思議のタネを発表します。みなさんで黒板の文字を読んでください」 S 「あさがおをそだてる」	●不思議のタネを黒板に書く。あるいは，書いたカードを黒板に貼る。
3．問いを創る（疑問・意見を出し合う） T 「わからないことや質問したいことを発表してください」 S 「あさがおって何？」→「動物？」→「花だよ」→「何色の花が咲くの？」→「ピンク，紫，青，白」→「朝咲くの？」→「そう！」→「どうやって育てるの？」→「種・土・水が必要だよ」→「水はあげすぎたらダメだよ」→「肥料もいるよ」→「土の中に種を入れるの？　土の上？」→「土の中」→「種を入れる深さは？」→「指の二つ目の曲がるところくらい」など。 T 「質問と意見がたくさん出ましたね。これらを参考にして，みんなそれぞれが，自分で考えた方法であさがおを育てていきましょう」	●疑問や意見を出し合う。 ●出された意見を系統的に板書していく。 ●子どもから出された意見は否定せず，尊重していく。 ●（教師が教えるのではなく）子どもたちそれぞれが，自分で考えた方法で育てていくことを確認する。

16

第1章 これからの授業はこう変わる！

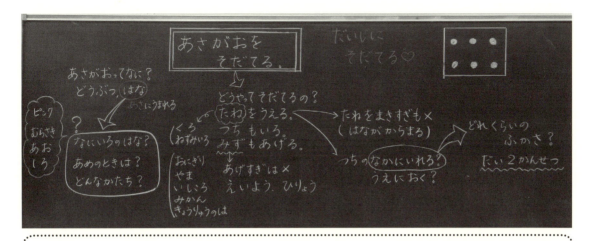

　授業後，「この黒板消さんといて。ずっと置いておきたい」という声が聞かれました。教師が発問をせず，子どもから出た考えを受け止めていくことで，子どもたちがいきいきとし，主体的・意欲的な姿が見られました。あさがおを育てることを自分事として考えることができた，という実感や達成感があったのではないかと感じました。

4．問いを使う（栽培活動） T　「これからあさがおの種をまきます」 (1)　種を配布して観察する T　「お待たせしました！　これがあさがおの種です」 S　「小さいね」「色は，黒。茶色」「おにぎりみたい」「みかんの形に似てる」 (2)　種まきをする T　「では，自分が考えた方法で，鉢に種をまいてみましょう」 S　（それぞれ鉢に種をまく） T　「これからどんな気持ちでお世話をしていったらいいかな」 S　「大切にしていく」「気持ちをこめてお世話をしたらいい」 (3)　あさがおを育てる ・子どもたちは，自分で選んだ場所にバラバラに鉢を置く。 ・水やりのタイミング・水の量，芽が出てからは間引きをする本数，支柱を立てるタイミングなど，子どもたち自身が考え，きれいな花が咲くように，工夫を重ねる。 ・成長過程を観察しながら，各自，「まいにちカード」に記録をつける。	●子どもたち一人一人に朝顔の種を配布する。 ●種の個数，種と種の間隔，深さなど，子ども自身が考えた方法で種まきを行う。 ●一人一人が大事に責任をもってお世話していくことを確認する。 ●成育に問題が出そうな場合でも，指導はせずに見守る。なぜそうなるのか自分で考えたり，友達と相談し合ったりしながら，よりよい方法を探っていく。

17

５．まとめ（ふりかえり）

・各グループで観察したことや気づいたことを発表する。

T 「あさがおを育ててみて，発見したことや不思議に思ったことをノートに書いてみましょう」

S （ノートに書き出す）

T 「みなさん，たくさんの発見や不思議があったようですね」

S 「私はこの小さな種から芽が出て花が咲くってすごく不思議で，種の中はどうなっていたのかなぁって思いました」

S 「ほんと！ 種の中っていったいどうなっているのかなぁ～」

S 「あさがおじゃないけど，柿を食べるとき，種の切った中に芽みたいなものが入っているのを見たことがあります」

S 「種ができたら，１個だけ中をあけて見てもいいですか？」

T 「なるほど，実際に種の中に何が入っているか見てみるってことですね。では，あとで何が入っていたか教えてね」

S 「僕は最初に出た２枚の葉と，その後出てきた葉の形が違っていて，何で同じ葉の形じゃないのかなぁと思いました」

S 「私も同じことが気になりました。それでよく見ていたら，後から出た葉はずーっと枯れずにくっついていたけれど，最初に出た葉はすぐに枯れて落ちました。私のだけかと思って心配になったので，お友達のあさがおも見たけど，みんなのも同じように最初に出た葉は，落ちてなくなっていたので安心しました。でも，なんですぐに落ちちゃったのか不思議です」

T 「なるほど，葉の形の違いや枯れて落ちることも発見したのですね。ほんとうに不思議ですねぇ～。なぜでしょうね」

S 「私は置く場所によって成長の仕方が違って驚きました」

T 「Aさんは成長の仕方が違うことを発見したのね。どこに置くと元気に伸びて，どこに置くとあまり伸びなかったのかな？」

S 「太陽があたっているところのあさがおは元気に伸びたけど，日陰はあまり伸びなかったので，私はなるべく太陽の光があたるように鉢を動かして育てました」

T 「では，お友達の発見したことや，新たに不思議だなぁ～と思ったことも含めて，ノートにまとめてみましょう」

●自らの問いをもとに，子どもたちが学んだことをわかち合う。

●過去の学びがいまの学びになり，未来の学びへつながるよう促す。

●よく観察していると，双葉と本葉の違いに気づく。

●同じものを観察しても，発見することや不思議に思うことはさまざまである。

●他者の不思議と自分の不思議が重なり，さらなる不思議へとつながる……このように，子どたちは問い続ける力を身につけていく。

●子どもたちの思いもよらない発見によって，観察の面白さを体感することになる。

●教師は答えを言わず，考える態度の形成を促す。

●自由度を高くした学習で，授業のねらいを達成するには，子どもの発見したことを拾いながらていねいに紡いでいくことが大切。

第1章　これからの授業はこう変わる！

ある児童の栽培記録からみえる「主体的・対話的で深い学び」

　日々の出来事を書く「まいにちカード」から，一人の児童の栽培過程を紹介します。
A子さんは，種をまいた鉢を日陰に置いたので，なかなか芽が出てきませんでした。「一生懸命
お世話しているのに，何で私のあさがおは芽が出ないの？」（課題との対話・自己内対話）。そこ
で友達に聞きました。「何でみんなのあさがおは芽が出たのに，私のあさがおは芽が出ないの？」
「日陰に置いたからじゃない？」（他者との対話）。

　A子さんは友達のアドバイスをもとに，鉢の場所を太陽のあたる場所に変えました（①）。無
事に芽が出ると，あさがお栽培への意欲・愛着はさらに高まり，毎日茎の長さを測りました
（②）。みんなのあさがおの成長に追いつくよう，時間によって自分の鉢が日陰になったら，太陽
のあたる場所に置き場を変えるなど工夫を重ねる姿も見られました。花が咲いたときには，「み
んなの意見でお花が咲いた」と記しています（③）。その後もお世話は欠かさず，毎日葉の数を
かぞえるなど，成長の様子を楽しむ様子が見られました（④）。

A子さんの栽培記録（まいにちカード）

①　　　　　　　　　②　　　　　　　　　③　　　　　　　　　④

◆単元を終えて（中村早希教諭）

　「あさがおを育てる」をテーマに，考える力を育てたいと思い，従来の教師主導の授
業から，子どもの主体性を核とした授業を行うことにしました。子どもが考えて決め
る，子どもに任せてみることを常に意識して進めました。

　従来の教師主導の授業では，初めは興味を示して主体的に世話をするものの，活動が
進むにつれて興味・関心が薄れ，根気強く世話ができない姿も見られました。

　いっぽう，今回の子ども主体の授業では，活動が進むにつれて，関心・意欲が高ま
り，子どもが自分事として考えて工夫するなど，主体性が多くみられました。

　子ども同士がかかわることも多くなり，お互いにアドバイスをし合うことで，新たな
気づきをもつことにつながりました。あさがおとの出合いの時間（問いをもつこと）
が，興味・関心をもつことにつながり，学びたい・やりたい意欲を高めたと考えます。

2 教師主導から 子ども主体の授業へ！

（1） 教師主導と子ども主体の授業の相違点とは

　教師主導から子ども主体の授業へ――教師が発問するのをやめただけで，こんなにも子どもたちがいきいきとすることを，前節の授業例「あさがおをそだてる」が物語っています。

　本授業では，子どもたち一人一人が自分で考えて鉢を置く場所を決めます。これにより，自立性が促進されます。逆に言うと，それまでは鉢を花壇の前に一列に並べるよう先生が指示することで，「元気よく育てるにはどこに置けばいいかなぁ」「どうして〇〇さんはこの場所を選んだのかな？」といった，子どもの考える力を奪っていたのです。

　花壇の前に一列に並べられた鉢は，教師主導の象徴です。教科書のとおり先生から言われたとおり忠実に作業していれば，全員のあさがおは，ほぼ同時に発芽し，ほぼ同時に支柱が必要になります。先生はころ合いをみて，全員に支柱を配ればことが足りるというわけです。これまでの授業が，いかに教師にとって都合のいい流れになっていたかよくわかります。

　この単元目標を四つの場面に分け，教師主導と子ども主体の授業の相違点をまとめました（表1）。「あさがおをそだてる」の授業の単元目標，「植物を栽培することを通して，その成長や変化，世話の仕方，自分とのかかわりなどに気づくとともに，親しみをもち，大切に育てることができる」にどちらがより迫れているでしょうか。

表1　単元目標の四つの場面における教師主導と子ども主体の授業の相違点

授業形態	成長や変化	世話の仕方	自分との かかわり	親しみをもち 大切に育てる
教師主導	あさがおはほぼ同じ成長や変化をとげる。	何も考えず，疑問も抱かず，言われたとおりに水やりをし，支柱を立てる。	先生に言われて，かかわりはじめる。	花は咲いてあたりまえという感覚になる。
子ども主体	あさがおの成長がバラバラのため変化に気づきやすい。	水やりや支柱を立てるタイミングなど，すべて自分で考えて行動する。	注意深く観察し，いま何をすればいいか自ら考えてかかわる。	成長が気になるため「きれいに咲いてね」との思いを込めて育てる。

20

第1章　これからの授業はこう変わる！

（2）　本物の主体的・対話的で深い学びを展開するために！

　先生方の多くは，自分自身が受けてきた授業と同じような授業を行おうとします。それはある意味，仕方のないことです。突然，「主体的・対話的で深い学びの授業を」と言われても，自らが体験したことのない授業，見たこともない授業はイメージすることができません。

　でも，大丈夫です。ここで紹介した「あさがおをそだてる」の授業展開を知り，その重要性に気づいた先生でしたら，どなたでも授業を変えることができます。発想を根本的に変えることで新しい授業の展開が始まります。まるで，天動説から地動説へ，コペルニクス的転回とでもいいましょうか。

　教師主導から子ども主体の学びに変えると，本物の主体的・対話的で深い学びを展開できます。こうした授業を体験することで，子どもたちの思考プロセスが少しずつ少しずつ育っていきます。

　これからの時代，答えのある課題は人工知能（AI）に任せ，答えのない課題については人が担うことが期待されています。よりよき未来を構築していくためには，人は答えのない課題について，常に問い続けていくことが大切なのです。

（3）　「問いかけ」は，認知能力を発達させるカギ

　イアン・レズリーは『子どもは40000回質問する』（須川綾子訳，光文社）の中で，問いかけという行動が認知能力を発達させる重要なカギであると述べています。

　不思議のタネから始まる一連の授業では，自らが学びの主体となり，課題を発見し，その課題に問いかけ，自分に問いかけ，友達にも問いかけながら，その課題を解決していこうとします。また，問いかけるためには，どこまでがわかっていて（あるいは知っていて）どこからがわからないのかを，自身の中で明確にする必要があります。

　つまり，不思議のタネをもとに問いを創ることのできる子どもたちは，その段階ですでに，どこまでがわかっていて，どこからがわからないのか，明確になっているということになります。

　また，この本に登場するロイドは，学校の授業は退屈だったが，興味のあることを学ぶのは，われを忘れるほど楽しかった。「どんなことも詳しく知るとますます興味がわいてくる。だけど，それは人から教わるものじゃない」と言っています。

　それに対して，学校での授業が退屈でワクワクしないのはなぜでしょう。子どもたちは，少なくとも義務教育の9年間は，学校で授業を受けるわけです。その貴重な時間

21

を，ワクワクする授業に変えてみませんか？　授業修了のチャイムが鳴ると，「え～，もう終わり？」と，子どもたちの声が聞こえてくるような授業に。

　さて，これまで行われてきた典型的な授業（教師主導）と，これから求められている授業（子ども主体）を図で比較すると，下のようになります。

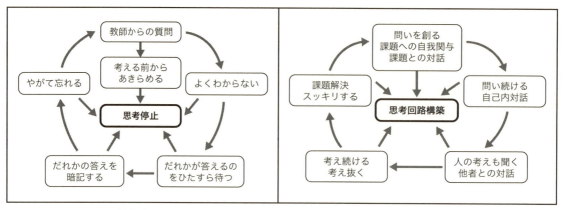

図1　教師主導の授業　　　　　**図2　子ども主体の授業**

吉田新一郎（2015），『たった一つを変えるだけ』訳者まえがきviiを参考に作成

（4）　教師主導の授業──やがて忘れ，あきらめる

　子どもがワクワクしない授業では，子どもたちの多くは答えを知りたがります。どのようにしてその答えを導き出したのかといった，その思考プロセスには一切興味がなく，テストに出るか出ないかに興味が向き，テストに出そうということがわかったら，少しでもよい点が取れるよう，ひたすら暗記をしはじめます。暗記が得意な子もいれば，苦手な子もいます。よくわからないことをひたすら暗記することほど，つらいことはありません。しかも，せっかく覚えても，やがて忘れてしまいます。

　つまり「教師主導の授業」（図1）では，いずれの段階でも，思考停止へと子どもの気持ちが向かっていきやすいのです。これでは少しもワクワクしません。

（5）　子ども主体の授業──思考回路構築へ

　いっぽう，子どもがワクワクする授業では，子どもたちの知りたい欲求がくすぐられます。興味のあることを探求することは，さきのロイドが言うように，「われを忘れるほど楽しい」ものなのです。しかも，単に覚えたこととは違い，自ら探求し続けたことにより思考回路が生まれます。私が高校生のころ，数学の先生から「一度でも解いたことのある問題は必ず解ける」と言われたことを思い出します。

つまり、「子ども主体の授業」（図2）では、自らに問い続けながら、ああでもない、こうでもないと試し、その思考プロセスを楽しみ、いずれの段階でも「思考回路構築」へと子どもの気持ちが向きやすいのです。これこそ、ワクワクする授業の実現へとつながる授業といえるでしょう。

（6） 子どもの好奇心がMAXになる下準備を

教師主導の授業から子ども主体の授業へというとき、教師はいったい何をすればいいのでしょうか。

「アクティブ・ラーニングは教えないこと」といった誤解があります。研修会等で「教師は教えてはいけません」と指導されたり、「今日の授業では先生は何も教えません」などと教師が発言している授業風景がメディアで紹介されることもあり、勘違いされがちですが、あれは授業風景の一部にすぎず、実は、アクティブ・ラーニングを行うための事前の取組みや家庭学習等で子どもたちの好奇心がMAXになるよう下準備することこそが大切なのです。

子ども主体のワクワクする授業では、図3からわかるように、子どもたちの好奇心をMAXにするためにも、「知らなすぎと知りすぎ」の間で、なおかつ、子どもたちの「予想と現実の不整合」（自分が予想したことと現実とのズレ）から「え～、何で違うの？」と好奇心に火をつけるような不思議のタネを準備することが重要です（詳細は第4章）。また、創った問いについて考える際には、子どもの情報の空白をほどよく埋めるための作業も必要になってきます。

ですから、間違っても「先生は何も教えません」にはならないということです。

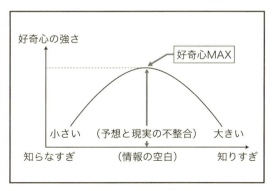

図3 「予想と現実の不整合」「情報の空白」と好奇心の強さとの関係
イアン・レズリー（2016）を参考に作成

3 教師に求められる「学びのマネジメント力」

いまこそ教師の学習観・役割の転換を！

　私たち（鹿嶋・石黒）が研修会等で子どもの言葉で問いを創る授業（以下，問いを創る授業）を提案すると，「確かにいいと思うけれど，こんな授業ばかりやっていては，教科書が終わらなくなってしまう」といった，先生方の本音が聞こえてきます。

　いつの時代も，やったらいいと思うことと実際にできることには，ズレがあるようです。かつて，構成的グループエンカウンターについても同様のことがいわれてきました。やれば人間関係もよくなり学級経営にも効果があるのはわかっているけれど，時間もないし，そんなことをやっていたら授業が終わらなくなってしまうので，なかなか思うようには実践できない，と……。

　しかし，義務教育9年間をトータルで考えると，その土台づくりはきわめて重要です。先生がどのような教育観・子ども観・学習観をもって学級経営や授業を行うかによって，その効果も変わってきます。生涯を通して学び続ける子どもたちを育てるには，やはりそのベースとなる先生の学習観が重要となってきます。

　いまこそ，教師の学習観を転換するときです。学習観が変わると，必然的に教師の役割も変わってきます。先生が変わらずして子どもたちが変わることはありえません。ゆえに，いま，教師の「学びのマネジメント力」が問われているのだと思います。

　ここでは，教師に求められる五つの学びのマネジメント力について紹介します。

学びのマネジメント力1　「与えられた問い」から「探し求めた問い」へ

　いろいろな授業を観察するなかで，授業の問いには2種類あることがわかりました。

　一つは先生から「与えられた問い」で，もう一つは自らが「探し求めた問い」です。先生から与えられた問いには，すでに決まった答えがあります。与えられた問いに答え続けても，子どもの新たな発見や課題解決にはなりません。ひいては，日本の未来，世界の未来，人類の未来は築けない，と言っても過言ではありません。

　このことは，教師自身，わかっているはずです。それでも，変えることなく，同じ学習観で授業を進めてきたことには理由があります。ひとことで言うと楽だからです。すでに答えのある問いを与えたほうが，先生としてはやりやすいからです。つまり，教師側の都合で授業が組み立てられているということです。もちろん，そうではない授業を

第1章　これからの授業はこう変わる！

展開されている先生もたくさんいらっしゃるでしょう。しかし，ベースがそうだとするとそれは大変なことです。

　子どもたちの好奇心を封じ込み，先生からの「与えられた問い」を用いた授業から，子どもたち自らが「探し求めた問い」を活用した授業へとパラダイムシフトするときがきたのです。

学びのマネジメント力2　「教え込む授業」から「考え続ける，考え抜く授業」へ

　ある小学校の研究授業を見ていて，滑稽だなぁ～と思ったことがありました。先生の発問に対して子どもたちが一斉に挙手し答えたところ，先生は「はい，正解です！」と言って，教卓に置いてあった紙板書をペタンと黒板に貼ったのです。この場面の音声をすべて消してアフレコを入れるとすると，

　先生「さて，ここ（紙板書）には何が書いてあると思いますか？」

　児童「○○だと思います」

　先生「はい，正解です！」（黒板に紙板書をペタリ）

と，こんな感じになるのではないでしょうか。つまり，当てっこクイズをしているような感じです。これでは考え続ける力や考え抜く力が身につくはずはありません。先生はひたすら教え込み，子どもたちはそれをひたすら暗記し，必要に応じてアウトプットしていくという授業はナンセンスです。

　すでに答えのある課題については AI に任せればいいわけで，これからの時代は，答えのない課題に対し，自ら問いを立てながら，そのことについて，ああでもない，こうでもないと考え続ける力や考え抜く力を育てていくことが重要なのです。

　このような学びをマネジメントする力こそ，いまの教師には求められているのです。

学びのマネジメント力3　「解き方を教える授業」から「学ぶ楽しさを体験する授業」へ

　老子の言葉に「授人以魚不如授人以漁」があります。これは，みなさんもご存じの「人に魚を与えれば一日で食べてしまうが，釣りを教えれば一生食べていける」という意味です。それを教育に当てはめると，答えを与えるのではなく，解き方・学び方を教えれば一生一人で学んでいけるということになります。

　でも，ほんとうにそうでしょうか。学びのマネジメントとしては，魚を与えるでも，魚の釣り方を教えるでもなく，魚釣りの楽しさを教えること。つまり，子どもたちが学ぶ楽しさを思う存分体験すれば，親や先生に「勉強しなさい」と言われなくても，考え続けること，考え抜くことを楽しむようになるのではないでしょうか。

25

学びのマネジメント力4　「できた！」も大切，「惜しい・悔しい」はもっと大切

　本来，授業はそのねらいを達成するために構成されています。ですから，先生方は子どもたち全員が学習内容を理解し「わかった」にとどまらず，「できた」という達成感を味わわせることをめざしてきました。

　しかし，改めて考えてみると 1 単位時間の授業の中で，達成感を味わわせることだけが教育でしょうか。確かに，「できた！」は大切です。「もう少しでできそうなのに……」も大切。さらに，できなかったときの「悔しい」はもっと大切なのではないでしょうか。なぜなら「悔しい」は次へとつながる気持ちで「今度こそがんばろう」と奮起するエネルギー，そして考え続けるエネルギーになるからです。

学びのマネジメント力5　「安易なヒント」ではなく，「考える時間」を与える

　これまでの先生は，子どもたちが課題を達成するためのヒントを出しながら，あたかも子どもたちが自力で解けた気になるよう，黒子に徹してきました。しかし，ヒントには右図に示すような子どもたちの思考を止めてしまったり，作業を始めたりするヒントが多いのではないでしょうか。

教師のサポートとは

いままでの教育：ヒントを出す

①答えに直接結びつくヒント→思考を止めるヒント

②解き方の手順となるヒント→作業を始めるヒント

③思考が深まるヒント　　　→考えを促進するヒント

⬇　③のヒントが出せないとき

これからの教育：基本的にはヒントは出さない

→待つ姿勢が大切

　考えを促進するようなヒントが出せないときは，あえてヒントを出さず，子どもたちを信じて待つ姿勢こそ大切です。考え続ける力，考え抜く力を養うとき，子どもたちに必要なのは，教師からの安易なヒントではなく，考える時間を十分に与えてあげることではないでしょうか。

Column 1

「ひらめき体験教室へようこそ」

　主体的・対話的で深い学びの準備体操として，子どもたちが自然に，考え続けること，考え抜くことを楽しいと感じるための脳の癖をつくるため，私（鹿嶋）は「ひらめき体験教室」を開発し，現在，小学校から大学の授業，教員研修会等で展開しています。ここでは，概要を紹介します。

◆ 「ひらめき体験教室」活動の流れ

① **ナゾを探す**

──みんなでその場所（教室や体育館）に隠されたナゾが書いてある用紙を探す。

② **ヒミツノアイコトバがわかったら伝えに行き，最終問題をもらう**

──みんなで協力してヒミツノアイコトバ（クロスワードパズル）が解けたら，ヒミツノアイコトバ係（教員）に全員で答えを伝えに行き，最終問題を受け取る。

③ **最後のナゾが解けたら，ひらめきルームへ行き，答えを示す**

──最終問題が解けたら，全員でひらめきルームに行き，解答する（ゴール）。

　ひらめき体験教室のナゾは，学力や勉強の好き嫌いに関係なく，だれでもひらめくことで答えを導くことができるものです。メンバーで協力してナゾ（クロスワード，くみもじ，50音表，点むすびなど）を解いていき，ゴールするという，このシンプルなワークのなかで，子どもたちは豊かな感情のやりとり（感情交流）と，いままでに感じたことのない，脳に汗をかくような知的な興奮と知的交流を体験します。

　ひらめき体験教室のねらいは，子どもたちにナゾの答えを教えるのではなく，ナゾを解く方法を教えるのでもなく，子どもたちにナゾを解く楽しさを味わわせること。そして，どうすればナゾが解けるか，試行錯誤を続けることの大切さを実感させることにあります。これを体験することで，意欲（関係性の欲求・有能さの欲求・自律性の欲求）を高め，やり抜く力と解決のための対話を積み上げる力がつきます。

　「学びのマネジメント」がたくさん仕組まれている，「ひらめき体験教室」をどうぞみなさんも体験してみてください。年に1〜2回，学級や学年，あるいは学校全体で実施することをおすすめします。

　詳しくは『ひらめき体験教室へようこそ』（鹿嶋真弓，図書文化）をご覧ください。

Column 2

教師に求められる「学びのマネジメント力」の実際

「まちがってくれてありがとう」

梅原幸子（元小学校教諭・NPO 法人レクタス 児童発達管理官）

　ここでは，梅原幸子先生が 1 年生を担任されていたときの，子どもたち同士のやりとり，ふりかえり（感想），先生の実践（対応）を，梅原先生の手記の抜粋からご紹介します。

　子どもたち同士のやりとり，ふりかえりからみえてくるものは，教師主導ではなく，子ども主体の，対話的な深い学びの授業です。子ども同士の学び合いを見守り，失敗から学ぶ大切さを伝え，子どもたちが安心して間違えられる環境をつくる。課題に問うこと・自分に問うこと・他者に問うことの大切さを伝える。そして，教師自身が常に自分の教育力をあげていこうとする真摯な姿勢──これから教師に必要な「学びのマネジメント力」のヒントがここにあります。

◆友達の間違いから学ぶ

　──「まちがってくれてありがとう」

　以下は，国語科『たぬきのいとぐるま』の授業中，「たぬきは，まいばんまいばんやってきて，糸車を回すまねをくりかえしました」という一文を巡っての，子どもたち同士のやりとりです。

児童A「毎晩毎晩だから，たぬきは毎日来て，いたずらしたんだね」

児童B「毎日じゃないと思うよ。だって毎日って書いてないよ」

児童C「毎日って書いてないけど，毎晩毎晩って書いてあるから，昨日も今日もいつも 毎晩来たってことでしょう」

児童B「だって，毎日じゃないし……毎晩……だよ」

児童D「晩は夜のことでしょう。毎晩って言うことは……いつも夜来たんだよ。だから毎日夜に来たの。昼間だときこりに見つかるから，夜に来ていたずらしたんだよ」

子どもたち「そうか，毎晩は毎日の夜のことかぁ（納得）」

●児童のふりかえりから（きょうのこくごでわかったこと）

「まいばんまいばんが，まいにちのよるきたってわかりました。Bちゃんがまちがってくれたおかげでわかりました。ありがとうございました」

◆自分の間違いから学ぶ

—— 「まちがっていたけど，べんきょうがすきになってきた」

　多くの子どもは百三を「103」と書きますが，学級に2〜3人，「1003」と書く子どもがいます。その中の一人が，算数の授業に，手をあげてこう言いました。

児童A「聞きたいです。どうして百三は1003ではなく103って書くんですか？」

教師「そうか，自分が不思議だなと思うことを質問できてすごいね。だれか答えてあげられる人はいるかな」

児童B「はい，答えます。1003って書くと千三だから」

児童A「だって数字では千三かもしれないけど，口で言うと百三でしょ」

児童C「う〜ん，でもやっぱり，百三は103だよ，そう書くんだよ」

教師「Aさんが『そうか，わかった』って思えるようにお話ししてくれる人は……」

　しかし，質問した子どもが納得するような説明は出ませんでした。そこで，タイルを百の位，十の位，一の位ごとの部屋（マス）に置いて名数を付けて読むことで，名数と位取りの関係がみえてきて，子どもたちは納得することができました。

●児童のふりかえりから（きょうのさんすうでわかったこと）

「まちがってもだいじょうぶ，っていわれてほっとしました」

「まちがえははずかしくなくて，かくすのがはずかしいっていうのがわかった」

「まちがっていたけど，べんきょうがすきになってきた」

◆教師の立ち位置

—— 「あなたにわかるように伝えられない私の力不足よ」

　算数のブロック学習で，ある子どもが理解できずに困っていたときのことです。

　「あなたはできない子ではないよ。あなたにわかるように伝えられない大人の私の力不足よ。あなたは勘違いしているだけ。安心して。大丈夫だから。明日，きっとわかるように教えるから」——このように言うと，悲しそうな目がキラキラしてきます。「勉強ができるようになりたい！　わかりたい！」——どの子もこのように思っています。ですから，あれもこれもではなく，大切なことを整理しながら子どもたちに伝えたいです。教師のこのような姿勢こそが，子どもたちの主体的な学びの基礎をつくると思うのです。ほんとうの意味で，子どもを学びの主体者にしなければなりません。主体的に行動する主権者を育てることが教育の使命です。だからこそ，私たち教師は学び続けなければならないし，学び続けるのです。

29

4 だれにでもできる「考える授業」をめざして

（1）「教師が質問，子どもが答える」構図への疑問

　ロックフェラー大学の B. マキュアン教授の研究室のドアには，「発見の障害になるものは無知ではなく既知である」と書かれているそうです。もとは，ダニエル・J・ボースティンの「発見の最大の障害は無知ではない。知っていると勘違いすることである」に由来するのですが，知っているつもり，すなわち偏見が，真実を見る目を覆い隠してしまうことはよくあることです。

　「知っているつもり」とまではいいませんが，教室の中で一番の既知はもちろん先生です。となると無知は子どもたちとなります。これまでの授業の多くは，なぜか一番の既知である先生が質問し，無知である子どもたちが答えるという構図となっていました。それがあたりまえと信じて疑わず，授業を進めている先生も多いのではないでしょうか。それはある意味，仕方ないことなのかもしれません。なぜなら，先生自身がこれまでにそういう授業を受けてきたので，それ以外の授業方法を体験していないからです。

（2）　人から与えられた質問から，自ら抱いた問い（疑問）へ

　では，いままでの授業と問いを創る授業では何がどのように違うのか，下表をもとに，その特長を探ってみましょう。

表2　いままでの授業と子どもの言葉で問いを創る授業の相違点

	いままでの授業	子どもの言葉で問いを創る授業
おもに質問する人	先生（発問）	児童生徒（不思議のタネに対する問い）
教師の指導行動	さまざまな方法で情報を伝える	児童生徒が考え続けるための認知タスク（課題）を考え，活動を支援する
児童生徒	情報を受け取って暗記する	情報を活用した課題解決活動
学習の達成	記憶中心	思考プロセス重視
授業の主体	指導者（先生）	学習者（児童生徒自身）
学習行動の様子	受動的	能動的
学級集団の様子	静的	動的（内的・外的ともにアクティブ）

第1章　これからの授業はこう変わる！

　問いを創る授業は，先生が「不思議のタネ」を提示することから始まります。子どもたちは，その不思議のタネに対してひたすら問いを創っていきます。つまり，人から与えられた質問（疑問）に答えるのではなく，自ら抱いた問い（疑問）をただひたすら書き出すのです。

　アクティブ・ラーニングにおける対話には，「課題との対話」「自分との対話」「他者との対話」の三つがあります。この作業を通して，第一の関門である課題との対話が始まります。ここで彼らの中に心理学でいう自我関与（34ページ参照）が芽生えてきます。

　自我関与とは，ある事柄を自分のもの，あるいは自分に関係がある重要なものとして考えることです。つまり，自ら抱いた問い（疑問）は，イコール自分で，重要なものとしてみなし，その作業に対し主体的に取り組むようになります。

（3）　自由度を高めるからこそ，子どもたちの自己内対話が始まる

　これまでの授業では，1年間かけて教科書に書かれている内容を子どもたちに教えていくのが先生のお仕事でした。そのため，課題解決のためのレールを敷き，ああしろ，こうしろと指示し，そのレールからそれないよう，だれもが失敗しないよう，自由度の低い一斉指導中心の授業を行ってきました。これはどちらかといえば先生の都合に合わせた授業です。

　もちろん，指導案も書けないとか板書計画もないまま授業を展開するなどは論外です。積み残しのないよう綿密に計画を立て，そのための指導案や板書計画を準備して単位時間の授業を進めることも大切なことです。この基本的なことができている先生が，問いを創る授業を行うからこそ，自由度を高めても授業の軸がぶれないと考えます。

　実践事例「あさがおをそだてる」でご紹介した子どもたちが置いた植木鉢の場所（15ページ左下の写真）を見れば一目瞭然です。自由度を高めるとは，先生から与えられる枠が少ないということです。枠が少ないぶん，子どもたちは「ああかな？」「こうかな？」と第二の関門である自分との対話，自己内対話を始めるようになります。

（4）　ヒントは出さず，思考を促進する支援を

　子どもが自己内対話を行っている際の先生の役割は，子どもが考え続けるための認知タスクを考え，活動を支援することです。認知タスクとは，タスク（課題）遂行や問題解決，意思決定にいたる思考プロセスのことです。

　ここで教師の多くは，子どもが問いを解くためのヒントを出したい誘惑に駆られます。しかし，「資料集に書いてあったよねぇ〜」とか「どの順番にやればよかったのか

31

な？」などの安易なヒントは，子どもたちの思考を止めることにもなりかねません。前者は考えることをやめて探す作業を始めるでしょうし，後者は決められた順番どおりの作業を始めるでしょう。それでは，考え続けることも考え抜くこともしなくなります。

ゆえに，問いを創る授業では，基本的に子どもにヒントは出しません。ヒントを出さずに支援するとは，子どもたちの内面で起こる思考プロセスを重視し，彼らの思考を促進するための支援をするということです。つまり，子どもたちの鏡になるのです。

ここでは，小学校2年生で扱う「三角形とはどのような形をいうの？」（三角形の定義）を例に説明します。先生が子どもの考えを受け止めて返すことを中心に，自己内対話を誘発する対応で彼らの思考を促進していきます。

ある児童の思考プロセス（例）

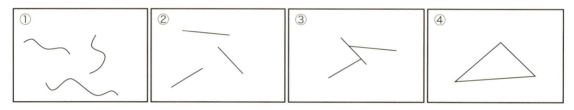

児童　「三本の線でできている形が三角形だと思うんだけど……」（あっているかなぁ〜）
先生　「なるほど，こんな（①）感じかな？」
児童　「違う，違う。まっすぐな線！」（今度はあっていると思うんだけど……）
先生　「あっ！　そうか。ところで，まっすぐな線って何て言うんだったかな？」
児童　「直線です。三本の直線でできている形です！」（今度こそ，自信ある！　大丈夫）
先生　「と言うと，こう（②）かな？」
児童　「えっと……，あっ！　わかった。三本の直線がくっついてできている形です」
先生　「こんな感じ（③）でいいですか？」
児童　「（何て言えば三角形になるのかな？）あっ！　三本の直線で囲まれている形です」
先生　「と言うことは，こんな感じ（④）？」
児童　「できた!!」（納得）

アクティブ・ラーニングでは，過去の学びがいまの学びとなり，未来の学びへとつながる活動が含まれます。

つまり，過去の学びとは，単に「線」という表現から「直線」について学び（直線が無限であることは中学生になって学びます），「いま」の学びとは，直線という言葉を活用して三角形を定義することができるようになり，やがて未来の学びとして「線分」に

第1章 これからの授業はこう変わる！

ついて学んでいくことになります。

このように，教師がヒントを出さずに子どもの自己内対話を促進する黒子に徹することは，子どもが単に情報を受け取る授業ではなく，子ども自身がもっている情報を活用して課題解決をしていく授業の展開につながります。

（5）「何を覚えたか」ではなく「何をどのように考えたか」

「教師主導，子どもは受け身」という授業スタイルのなか，多くの子どもたちは，先生に言われるまま，与えられた課題をひたすらこなすか，答えを覚えるか，何もしないで静かに机に伏して過ごすか，おしゃべりするか，はたまた逃げ出すか，しかありませんでした。

つまり，これまでは，教師からの発問中心に行われる教師主体の授業のため，子どもたちは常に受け身（受動的）で，教室内はどちらかというと静的でした。情報を詰め込むだけ詰め込んで，それを使うのはテストのときだけ。授業中の先生からの発問やテストで暗記したことを，当てっこクイズのようにアウトプットしていくのです。余計なことは考えず，いかに効率よく覚えられるかに価値があり，それを早くたくさんできる子どもが，いわゆる「頭のよい子」「勉強のできる子」と思われがちでした。

いっぽう，暗記が苦手な子どもやせっかく暗記してもすぐに忘れてしまう子どもにとっては，教師から与えられたものの暗記を中心とする授業は，苦痛の時間にすぎません。そうしたなか，学習性無力感に襲われ自尊感情が下がり，やる気をなくしてしまった子どもたちも少なくありません。

学習性無力感とは，1967年にマーティン・セリグマンらのオペラント条件づけによる動物実験での観察に基づいて提唱されたもので，一生懸命努力を重ねても望む結果が得られない経験・状況が続くと，何をしても無意味だと思い，やがて努力をしなくなる現象のことです。この学習性無力感は，大きな挫折1回より，小さな挫折の繰り返しのほうが陥りやすく，一生懸命努力しても効果が得られなかった場合のほうが，ダメージは大きいといわれます。「覚えたか」「できたか」の繰り返しのなかでは，無力感ばかりを学習している子どもたちが多くいたということです。

本書が提案する問いを創る授業の主体は，子どもたちです。「何を覚えたか」ではなく「何をどのように考えたか」に価値が置かれます。どの子どもも，自分の中にわいてきた「不思議だなぁ〜，なぜだろう？」について，追究することができる授業なのです。

33

Column 3

自我関与できる環境を整えよう

　本書には，「自我関与」という言葉が繰り返し出てきます。子どもたちがいかに自我関与できるかが，問いを創る授業成功のカギとなるからです。

◆自我関与は，問いを創る授業成功のカギ

　自我関与とは何でしょうか。辞書にはこうあります。「ある対象や事態について，『自分の身内』『自分の領分』であるとして自分自身とかかわりのあるものとみなす態度」（『大辞林 第三版』三省堂）

　人は自分が深くかかわったものに対して，自分と同等のものと感じる心の動きがあります。例えば，会議で自分の意見を否定されたときや，自分が担任する学級が他者から悪く言われたときに，自分が否定されたように感じるのは，このような心の動きがあるからです。

　子どもの場合ももちろん同じです。自分の意見（問い）が友達から否定されたり，軽く扱われたりしたら，自分自身が否定されたように感じてしまうでしょう。

◆評価を気にせず，自我関与できる環境を整える

　問いを創る授業の際，子どもが教師や友達からの評価や間違うことを気にしてしまった場合，「否定されないように，みんなの意見に合わせた無難な問いを創ればいい」となり，真に自分の追究したい問いとはかけ離れたものになってしまいます。

　そうならないための問いを創る授業のルールが「2. 問いについて，話し合ったり，評価したり，答えたりしない」「3. 人の発表は最後まで真剣に聴く」です（54ページ参照）。このルールが守られることによって（守られなければすぐに介入することで），子どもたちは安心して自分の問いと向き合うことができます。言葉をかえると，このルールの遵守によって，「安心して自我関与できる環境を整えることができる」ともいえるでしょう。また，「本授業中には，教師は評価をしない」という留意点がありますが，これもそのためです。

　他者の評価を気にすることなく不思議のタネに心が趣くままに自我関与し，その産物である，自分にとってかけがえのない問いを手にした子どもたちは，「この課題を追究したい」「もっと知りたい」「この答えなき問いを自分事として考え抜きたい」と，主体的にその問いを追究していくでしょう。

　このように，子どもたちが何の心配もなく，問いと真剣に向き合う環境を整えることが，本授業における教師の大きな役割なのです。

第2章

子どもの言葉で
問いを創る授業とは？

1 教師に求められる学習観の転換

（1）「知識や技能を学ぶ」から「思考方法や学び方を身につける」へ

　前述のように，私たち（石黒・鹿嶋）はいままでの授業を変えていく必要があると考えています。ただし，いままでの授業方法をすべて否定しているわけではありません。扱う内容，場面，状況によって，それぞれにふさわしい授業方法があると考えています。

　義務教育の段階では，知識や技能を学びながら，それらを互いに関連づけ，社会の中のことや自分の生き方に結びつけていくことが大切です。そして，そうした学びの中から，子どもたちは少しずつ自分の価値観を創り上げていきます。

　価値観は，「自分で選択する」ための基準であり，「自己の生き方」でもあります。価値観は，その人が何を大切にするのか，何を選んで何を捨てるのかなど，その人の根幹となるものです。しかしいままでの授業は，教師主導の場合が多く，知識や技能の伝達やその習得を中心とした，トレーニング的要素の強いものになりがちでした。

　例えば，何かの例題の説明を聞きながら，子どもたちは教師が板書したものをノートに写し，例題と類似した練習問題を行い，合っていれば○をつけ，間違っていればどこが間違っているか探して正す，といったようなものです。もちろん，知識や技能は学びの第一歩であり必要なものです。また，それらを身につけるためには，反復練習が必要です。しかし，それに終始してしまい，思考方法や学び方を身につけることにまでは，手が届いていなかったように思います。

　これからの授業では，知識や技能を学ぶことに重点を置くのではなく，思考方法や学び方を身につけることに力を入れていく必要があります。そのためには，思考方法や学び方を育てる新しい授業方法が求められます。そこで，本書が提案する新しい授業のスタイルや，そこで起こる子どもの学びについて，教師も慣れていくことが必要だと思います。これは，口で言うほど簡単なことではありません。

　しかし，子どもたちがこれからの社会で生きていくためには，現在の自分自身をよく理解し，将来自分は何をしたいのか，どのように生きていくのかなどを考えることが大切であり，そのために自分には何が必要なのかを意識して，積極的に学んでいく態度や力が，より必要なのではないでしょうか。そして私たちは，その源になるのが「問う力」であると考えています。

第2章　子どもの言葉で問いを創る授業とは？

（2）　問う力の源泉は「知的好奇心」

　ルネサンス期を代表する芸術家で科学者のレオナルド・ダ・ヴィンチの手稿は有名ですが，その中には，「食欲がないのに食べても健康に悪いように，やる気がないのに勉強しても記憶力が損なわれ，記憶したことは保存されない」という内容が書かれているそうです。つまり，意欲が大切であり，意欲がなければ，学んでいても身につかないということです。これは私たちも経験上よく理解できることです。

　では，意欲のもとになるものはなんでしょう。

　私たちはその一つが，「知的好奇心」だと考えています。あたりまえのように見えることでも，「なぜだろう？」とか，「不思議だ」と思える態度です。さまざまな事象に接したとき，何となく見過ごしてしまうのではなく，「え，どうして？」や「ほんとうにそうなのだろうか？」などと思える心です。こうした知的好奇心は，学びの原動力となります。

（3）　子どもの言葉で問いを創る授業が，自己内対話のきっかけに

　人間は，ある事象に接した際，「なぜだろう？」と思うことをきっかけに，頭の中で，その事象といままで学んだことや経験したことを比較したり，関連づけたりしながら，新しい理解をつくろうとします。これが「自己内対話」です。そして，自問自答する過程で，理解を深めたり，新たな理解を得たりします。その中で，新たな発見があるかもしれません。

　自己内対話をするためには，当然その材料となる「知識」が必要です。自己内対話を進めるうえで，ものごとに対する「見方や考え方」も必要です。さらに，考え方が偏らないためには，自己内対話だけでなく，他者との対話も必要となります。

　自己内対話はまさに考えることです。学校で子どもたちの自己内対話を促進するのは，教師やほかの子どもたちとの対話です。そして，このような自己内対話のきっかけの一つとなるのが，「子どもの言葉で問いを創る授業」（以下，問いを創る授業）であると考えています。

　さきほどご紹介した，レオナルド・ダ・ヴィンチの手稿には，自分のアイデアとともに，「なぜなのだ」「どうしてなのだ」と自己に問う言葉が書かれているそうです。ダ・ヴィンチにとって，手稿は自分の頭の一部であり，自己内対話の場だったのでしょう。

　なぜだろうと思う素朴な疑問が学びの原動力になります。いかに知的な好奇心をもつかです。「問い」のないところに学びはないのです。

37

（4） 知識や技能の伝達から自己内対話を促す授業へ

　このように，私たちは，これからの授業が，知識や技能の伝達やその練習に重点を置くのではなく，子どもたちの「自己内対話」を促すものに変わっていく必要があると考えています。自己内対話を促すきっかけとなるのは「問い」です。ものごとに接した際，疑問に思い，それを解決するための第一歩として，その疑問そのものを，自分なりに考えて言葉を使って表現するのです。

　子どもたちは，問いを創る授業の中で，どのように問えば，何がわかるのかなどを経験的に学びます。子どもたちは，自分が創った問いを解決するために，教師や他の子どもたちと対話します。その対話の中で，自分とは異なる視点や考え方，価値観にふれることで自己内対話がさらに深まります。子どもたちは問いを解決するために，新たな知識や技能を学ぶかもしれません。ただし，ここで学ぶ知識や技能は，いままでのように，教師から与えられるものではなく，自らが求めたものとなるのです。

　みなさんも私たちと一緒に，問いを創る授業を通して，新たな学びのスタイルを創り上げませんか？

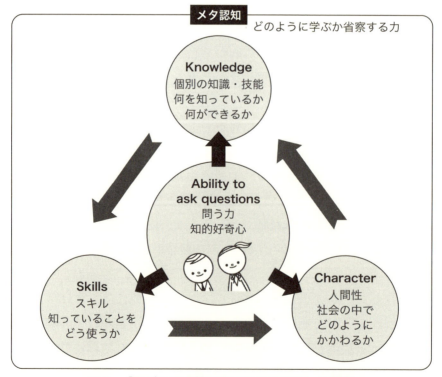

図1　「子どもの言葉で問いを創る授業」の構造
Center for Curriculum Redesign（2015），Four-Dimensional Education の図を参考に作成

第2章　子どもの言葉で問いを創る授業とは？

2　教科を通して子どもは　何を学ぶのか

（1）　日常体験から生まれる素朴な学び

　幼い子どもと接するとき，大人が花を指さしながら「きれいだね」と言ったり，何かを示しながら「面白いね」「不思議だね」などと言ったりすることがあります。これは，きれい・面白い・不思議という価値観を子どもに教えるのと同時に，何かを見たときに「きれいだ」「不思議だ」と思う態度も教えているのです。

　こうした態度は，成長の過程で少しずつ培われていきます。学校では，それを教えるのは私たち教師の役割でもあります。学習内容に対して，面白がり，不思議がる。あたりまえにみえることにも疑問をもつ。教師がそうした態度を示すことで，子どもたちにもそうした気持ちや態度が少しずつ養われていきます。

　世界に対して子どもは多くの疑問をもち，考えたり，人に聞いたり，本を調べたりしながら，知識を身につけ，ナゾを解いていきます。そして，知的好奇心が満たされたとき，楽しさや爽快感を味わいます。「アクティブ・ラーニング」などと言うまでもなく学びとは本来，能動的な行為であり，楽しくワクワクするものなのです。不思議に思ったことを解決するためには，そう感じたことをどのように表現し，だれに問うていけばよいのかに慣れることが必要です。問いを創る授業では，ものごとに対して疑問に思う態度と，それを，どのように問うて行けばよいのかを身につけていくことができます。

（2）　行動理論にみる二つの学び

　米国の文化人類学・精神医学などの研究者，グレゴリー・ベイトソン（Gregory Bateson, 1904-1980）は『精神の生態学』（佐藤良明訳，新思索社）の中で，イルカの学習を例に学習論について述べています。イルカの調教師は，イルカの動きを観察し，してもらいたい行動を選び，イルカがそれを行ったときに笛を吹いてエサを与えます。いわゆる「オペラント条件づけ」で，報酬を与えることで特定の行動を強化するものです。イルカは，調教師が笛を吹くとエサがもらえること，笛が鳴ったときに自分がしていた行動を再び行えば，笛が鳴ってエサをもらえることを学習します。これは，ある特定の行動を繰り返して学習している状態で，これを「学習1」というそうです。

　次の行程では，いままでイルカにエサを与えていた行動をしても，調教師は何も反応しません。イルカは尾ひれで床を叩いて不満を示しますが，やがてその行動を何度繰り

返しても笛が鳴らないことに気がつきます。ここで，イルカが偶然，何か違った行動をしたとき，エサを与えます。するとイルカはまたその行動を繰り返しますが，笛は鳴りません。イルカは不満を表しますが，笛が鳴るまでさまざまな行動を繰り返します。そのうちにイルカは，「何か新しい行動をすればよいのだ」と，気づきます。特定の行動だけを学んでいるのではなく，新しいさまざまな行動を身につけるためにやっていることに気づくのです。そしてイルカは演技をするたびに，いままで観察されたことのない，新しい動作を次々行うようになります。これを「学習2」というそうです。これは何を身につけるためにやっている学習なのかを理解して学習するということです。

　私たちが授業で子どもに身につけさせたいのも，暗記や反復によって身につく，知識・技能（学習1）ではなく，考える力や判断力といったより汎用的な能力（学習2）です。

　授業には，教科の内容自体を学ぶための側面と学び方を身につけるための側面があります。学び方を身につける授業を実施することで，スキルを積み<u>重</u>ねることができます。それによって，子どもたち全員が学び方のスキルを身につけることができ，以降はそのスキルを活用して授業を行うことができます。

（3）　学校教育における教科の学び

　子どもたちは学校で教科等を通して，何を学んでいるのでしょうか？　小学校学習指導要領第1章総則第1の2の(1)は，次のように述べています（下線は著者）。

　<u>基礎的・基本的な知識及び技能を確実に習得</u>させ，これらを<u>活用して課題を解決する</u>ために必要な<u>思考力，判断力，表現力等を育む</u>とともに，<u>主体的に学習に取り組む態度</u>を養い，個性を生かし<u>多様な人々との協働</u>を促す教育の充実に努めること。その際，児童の発達の段階を考慮して，児童の言語活動など，学習の基盤をつくる活動を充実するとともに，家庭との連携を図りながら，児童の<u>学習習慣が確立する</u>よう配慮すること。

　大まかにポイントをあげると，次のように整理できます。

① 　その教科の<u>基礎的・基本的な知識および技能の習得。</u>
② 　知識・技能を活用して課題を解決するために必要な<u>思考力，判断力，表現力を育む。</u>
③ 　<u>主体的に学習に取り組む態度を養う。</u>
④ 　<u>他者との協働を促す。</u>
⑤ 　<u>学習習慣が確立する。</u>

　第1章第3の1の(1)と，大まかなポイントは以下のようになります。

　<u>各教科等の特質に応じた物事を捉える視点や考え方</u>（以下「見方・考え方」という）

第2章　子どもの言葉で問いを創る授業とは?

が鍛えられていくことに留意し，児童が各教科等の特質に応じた見方・考え方を働かせながら，知識を相互に関連付けてより深く理解したり，情報を精査して考えを形成したり，問題を見いだして解決策を考えたり，思いや考えを基に創造したりすることに向かう過程を重視した学習の充実を図ること。

① 各教科等の特質に応じたものごとをとらえる視点や考え方が鍛えられる。

② 知識を相互に関連づけてより深く理解する。

③ 情報を精査して考えを形成する。

④ 問題を見いだして解決策を考える。

⑤ 思いや考えを基に創造する。

　まとめると，各教科では，その教科の知識・技能を学ぶことはもちろん，それ以外に，教科の特質に応じた見方や考え方・方法を用いて課題解決や意思決定をすることで，新たな理解や新たな考えを創り上げることを学んでいることがわかります。

　以下，各教科の学びについて，私（石黒）なりにまとめた内容をみていきましょう。

【国語】　文章を読んだり，書いたりするなかで，ものごとを筋道立てて考える力や豊かに感じたり想像したりする力を育てています。また，日常生活の中で，他者との伝え合う力を高め，自分の思いや考えを広げます。

【算数・数学】　事象を数式で表すことで操作できるようにします。円は図形ですが，座標上で考えるとき数式で表せます。これにより，通常では想像しにくい条件でも，数式を操作することで新たな発見ができます。これ以外にも，事象をパターン化したり一般化したり論証するなど，数学特有の思考方法や思考ツールを学んでいます。

【理科】　事象を観察し記録して，そこから考察します。また，仮説を立てて，それを検証する実験を行い，その結果を考察して結論づけます。例えば，植物の種子と発芽の関係を調べるとき，種子の発芽と水・空気・温度の関係について，予想や仮説をもち，水・空気・温度の条件を変化させて，植物の発芽に必要な条件を調べます。さらに，調べた結果からわかったことや考えられることを話し合うなどします。

【社会】　世の中で起きていることの特色やお互いの関連や意味をさまざまな面から考えたり，社会にみられる課題を自分なりに把握して，それを解決するためにどのように社会にかかわればよいのかなどを考えたり判断したりします。

　――このように，教科の学習では，知識・技能を土台として，それぞれの教科がもつツールを使って，「思考力・判断力・表現力」など，より汎用的な能力を子どもたちに身につけようとしています。そして，私たちは，これらの力をつけていくうえで，「問う力」を身につけることがとても有効だと考えています。

41

3 問いを創る授業で身につく力

問いを創る授業で子どもたちに身につく力とは

では，問いを創る授業を取り入れることで，子どもたちに身につく力とは何でしょうか。問いを創る授業の詳細は次章で述べますが，ここで簡単に行程を説明します。まず，事前に教師が考えた「不思議のタネ」を提示し，子どもたちは自らわき上がった「問い」をたくさん書き出します。個人で考えたものを班で発表し合い，その中から知りたいと思う問いを絞っていきます。その際，質問の仕方（閉じた質問・開いた質問）を学びます。次に絞った問いの活用法を考え，最後にふりかえりを行います。

この問いを創る授業の一連の流れを繰り返すうちに，子どもたちには以下のような力が身につくと考えられます。①主体的・意欲的な態度，②問う力，③自己の価値観の形成・判断力，④メタ認知，⑤学び方のスキル，⑥質問の仕方・調べ方，の六つです。

これを一つずつみていきましょう。

身につく力① 主体的・意欲的な態度

これまでの一般的な授業をふりかえると，右のような展開が多かったのではないでしょうか？

子どもたちは教師の説明を聞き，教師から与えられる課題を行い，発問に対して答えるという流れで授業が進んでいきます。子どもたちは課題設定に自我関与していません。自我関与していない課題に対して，主体的・意欲的に取り組むことはむずかしいものです。

> **これまでの授業**
>
> 〔課題〕唾液の役割を知ろう
> 教師「唾液とは……」
> ↓
> 最初に出される課題は，教師（教える側）が発信しており，子ども（学習者）の言葉ではない。
> ↓
> 子どもの自我関与がない課題設定

問い創りを授業に組み込むことで，子どもたちが自我関与する授業に変身します。

「なぜだろう？」「不思議だ」「知りたい」と思い，一生懸命に創った問いは，子どもたちの自我関与の成果物であり，学習のモチベーションになります。

そして，次の授業展開（例えば，新しい単元への導入・調べ学習・作文を書くなど）に，子どもたちが作成した問いを使うことで，子どもたちが，より主体的・意欲的に授業に参加しようとする態度をつくり上げることができます。

第2章　子どもの言葉で問いを創る授業とは？

身につく力② 問う力

　子どもたちは，自分で疑問点を洗い出し，答えを見つけていく力を身につけます。つまり，「問う力」です。子どもたちは，多くの問いを創り（拡散思考），大切なものに絞る（収束思考）という過程の中で，課題に問う力，他者に問う力，自分に問う力（自己内対話）といった問う力に磨きをかけます。

身につく力③ 自己の価値観の形成・判断力

　問いを創る授業では，最終的に三つ程度の問いに絞り込みます。ここでは，何を残して，何を捨てるか……つまり，自分（たち）にとって，問う価値のある問題とは何か，という判断に迫られます。問い創りを行うことにより，子どもたちは自分の価値観を形成し，その価値観に基づく判断力も育成されると考えられます。

　価値観を創り上げることは，「選ぶ力」を身につけることにつながります。これは生徒指導の三機能である，自己選択感（学習指導要領の自己決定）にもつながるものです。

　また，問いを創る授業を通して，子どもたちに批判的思考（クリティカル・シンキング）を育むことが期待できます。これは，目の前にある事象や情報をそのまま受け入れるのではなく，「それはほんとうに正しいのか？」という疑問を常にもち，じっくりと考えたうえで結論を出す力のことです。

　人が大人になる過程では，前提となる価値観を疑い，価値観を再構築することが必要となります。また，虚構の入り乱れるネット社会において，何が真実かを自分で見きわめ，考え抜く力が必要になります。問いを創る授業によって，価値観を再構築する力，考え抜く力がつくと考えられます。

身につく力④ メタ認知

　「問う」ためには，自分にどの知識があって，どの知識がないのかを把握する必要があります。つまり，問うことで，現在の自分の知識を整理することができます。「問い」は子どもの理解を反映するものでもあります。また，自分は，何が知りたいのか，なぜ知りたいのか，知ることによってどうするのか，知ることによって何ができるのか，知ることによって何が変わるのかなどを考えることができます。

　グループでの活動は，他者との対話ですが，同時に自己内対話（自問自答）が活性化されます。こうした作業は，その事象に関する子どもの思考を，広げたり深めたりして，知識や考えを俯瞰することになるため，メタ認知の育成につながります。

43

身につく力⑤　学び方のスキル

　授業には，教科の内容自体を学ぶための側面と学び方を身につけるための側面があることを前述しました。問いを創る授業のような授業を実施することで，子どもたちは学び方のスキルを積み重ねることができます。一度学び方のスキルを身につけることができきれば，以降はそのスキルを活用して授業を行うことができます。

　子どもたちは学びのスキルを身につけるとともに，考える力や主体的に学ぶ意欲を育むことができると考えられます。

身につく力⑥　質問の仕方・調べ方

　問い創りを行う際に，子どもたちは，閉じた質問・開いた質問をはじめとする質問の仕方も学びます。

　また，他者に問う（質問する）場合，自分の知りたいことをどのような言葉で，どのように相手に伝えれば，自分が求める答えが得られるのかを体験的に学ぶことができます。それは，他者に対して質問することだけではなく，創り上げた質問をもとにどのように調べていけばよいのかを学ぶ機会にもなります。

Column 4

「子どもの言葉で問いを創る授業」には こんな効果も！

「問い創り」を教科等の授業に取り入れることで，以下のような効果も期待できます。

効果① 認め合い活動ができる

　問い創りは，個人の作業もありますが，基本的にはグループで活動を行います。

　問いを創る授業のルールとして，「問いについて，話し合ったり，評価したり，答えたりしない」というルールがあります。

　これは短い時間の中でたくさんの問いを創り出すためには，一つ一つの問いに対して，グループの中で，よい・悪いといった評価をしたり，質問をしたり，それに対して答えたりしていると時間が足りなくなるからです。このルールは，時間の節約という面もありますが，一方でだれもが安心して意見を出せる場を形成するという意味もあります。だれが出した問いであっても等しく同じように扱われる。つまりだれもが同等であるということを意味しています。そして，そのルールが保障されることにより，だれもがどんな問いであろうとも，人にばかにされるのではないかなどと心配する必要はなく，問いを出し合うことができるのです。

　「人の発表（問い）は最後まで真剣に聴く」というルールも，一人一人を尊重するためのルールです。こうしたルールのもとで，問い創りの活動を積み重ねることは，グループ内に発言しやすい雰囲気をつくり，子どもたちの活発な意見交換を促すとともに，互いに尊重し認め合う活動を行うことになります（ルールについては54ページ参照）。

　つまり，問いを創る授業を通して，互いに認め合う態度を形成していくことが期待できるのです。

効果② 合意形成を学ぶ機会になる

　問いを創る授業では，子どもたちが考えた問いをグループ内で互いに発表し，最終的にグループとして最も知りたい（解決したい・気になる）問いを三つ程度に絞ります。これは，自分の考え（価値観）を他者に伝え，他者の考え（価値観）を聞いたうえで自分の考えを修正しながら，建設的にグループとしての意見を合意形成していく作業です。したがって，問いを創る授業を繰り返し行うことによって，子どもたちは互いに尊重しながら合意形成する方法を学んでいくことになります。

効果③　授業規律形成の機会になる

　ルールに従って，問い創りを行うことにより，お互いに尊重し合い，協働して学ぶ場を形成することができます。

　それと同時に，互いに尊重し合うためにルールが守られることは，学習規律をつくり上げることに通じます。学校内のどの教科等においても，年間を通じて授業の中に，問いを創る授業を取り入れることにより，学校として一貫した授業規律づくりができます。

効果④　学校として一貫性のある，教科指導・生徒指導が実施できる

　問いを創る授業は，教科担任や学級担任が独自で取り入れても十分効果のある方法だと思います。しかし，これを学校全体で取り入れることができれば，学習指導や生徒指導面で学校として一貫性のある指導を展開することができます。また，ある教科で実践したことは，他の教科等の授業でも生かされます。

　子どもたちは小学校では6年間，中学校では3年間，学校生活全体を通してこれらの力を確実に身につけていくことができます。

教師にもたらされる効果　問いを創る授業で教師も成長する！

　問いを創る授業では，教師が毎回「不思議のタネ」を子どもたちに提示します。不思議のタネは文章・イラスト・写真・グラフ・表など，形式は何でも構いません。子どもたちの知的好奇心を刺激するものならよいのです。これは，子どもたちに何を考えてもらいたいのか，何に気づいてもらいたいのか，そして何を学んでもらいたいのかを明確にする作業であり，授業の真のねらいです。不思議のタネ創りを繰り返し行うことで，教師自身にも，授業の真のねらいを設定する力が養われてきます。

　この授業で教師は，子どもたちの自由な発想を妨げないために，例は示さず，評価もしません。教師は一貫して子どもたちの問い創りのサポート役に徹するのです。指導すること，教えることで授業を展開してきた先生方にとっては，これは結構むずかしいことだと思います。

　また，問いを創る授業では，子どもたちが創った問いを次の授業展開に用いることも可能です。子どもたちが創った問いは，行事の事前指導，単元の導入，調べ学習，作文など，さまざまな授業に活用することができます。子どもたちが経験したことのない新たな授業展開が工夫できるのです。

　こうした過程を通して，教師自身が成長していきます。つまり，問いを創る授業は，私たち教師のトレーニングでもあるのです。

第3章

子どもの言葉で
問いを創る授業の進め方

1 「子どもの言葉で問いを創る授業」の構造

(1) 子どもの言葉で問いを創る授業について

「子どもの言葉で問いを創る授業」（以下，問いを創る授業）の考え方と進め方は，『たった一つを変えるだけ』（ダン・ロススティン，ルース・サンタナ著，吉田新一郎訳，新評論）を参考にしています。本書の編者（鹿嶋・石黒）はもと中学校教員で，中学校を離れた後も，子ども自身の中からフツフツと「気になること」がわき上がってくる授業，脳に汗をかくほど考える授業を求め，小中学校の先生方と一緒に，『ひらめき体験教室』など，子どもがワクワクする授業の実践と研究開発を重ねてきました（詳細は対談1参照）。その中で，『たった一つを変えるだけ』の本と出合い，自分たちの求める授業が，「質問づくり」メソッドとしてアメリカで広く研究されていることを知りました。

『たった一つを変えるだけ』によれば，問い創りは「発散」「収束」「メタ認知」という三つの思考力の練習になります。また，「①質問の焦点，②質問づくりのルール，③質問をつくる，④質問を改善する，⑤質問に優先順位をつける，⑥次のステップ，⑦振り返り」の7段階で，問い創りの方法について子どもたちに学ばせることができます。ただ，これは海外の実践ということもあり，そのままでは日本の学校や子どもたちになじみにくい部分もあります。また，青年を対象にした実践例が多く，読者が小中学校で行う場合には，子どもたちの年齢に応じた学力や発達段階への配慮も必要となります。そこで，「問いを創る授業」では，『たった一つを変えるだけ』で確立されたメソッドをベースに，これまで私たちが行ってきた授業研究の知見を提案しました。

(2) 問いを創る授業の基本構成

問いを創る授業は，自己内対話（思考）が促進されるように，全体を通して，以下の①～③を行うようにプログラムを構成します。この①～③を繰り返し練習することで，学ぶ力・考える力などが養われます。拡散的思考・収束的思考は，米国の心理学者ジョイ・ギルフォードが提唱した概念としても有名です。

---

① 拡散的（発散的）思考──たくさんのアイデアを考え出し，幅広く創造的に考える。
　↓
② 収束的思考──答えや結論に向けて，情報やアイデアを分析したり統合したりする。
　↓
③ メタ認知───自分が学んだことや，学んだことについてふりかえる。

『たった一つを変えるだけ』新評論 P33を参考に作成

第3章　子どもの言葉で問いを創る授業の進め方

①　拡散的思考とは

一般的にはブレインストーミング（下記参照）などがこれにあたります。

問いを創る授業では，「不思議のタネ」をもとにして，子どもたちはできるだけたくさんの「問い」を創っていきます。ほかの子どもが出した問いを聞き，それをきっかけにさらに思考が広がり，新たな問いを思いついたりします。こうした過程は拡散的思考にあたります。

②　収束的思考とは

親和図法（下記参照）の分けていく過程などがこれにあたります。

本授業では，創った問いを閉じた質問と開いた質問に分類したり，閉じた質問から開いた質問へ，あるいはその反対に書きかえたり，重要だと思う問いを班で絞り込んだりしていきます。これは，自分たちが創った問いを俯瞰的にながめ，子どもたちが，自分たちは何を知りたいのか，何を学びたいのか，どうすればそれがわかるのかを見つけていく過程です。

③　メタ認知とは

自分の思考や行動そのものを，対象として客観的に把握し認識することです。

問いを意識することで，子どもたちは，本授業を通して，自分は何を知っていて，何を知らないのか，何を知りたいのか，そして何を学ぼうとしているのかなど，自分自身の学びをふりかえり，俯瞰することができます。

用語解説

○ブレインストーミング

ある問題やテーマに対し，参加者が自由に意見を述べることで，多彩なアイデアを得るための方法（会議法）。批判しない，自由に発言する，質よりも量を重視しできるだけ多くのアイデアを出すといったルールのもと行い，出されたアイデア同士を結合し，アイデアの質を高めます。

○親和図法

KJ法（収集した情報をカード化し，同じ系統のものでグループ化し情報の整理と分析を行う）を起源にしたもので，特定の問題についての事実・意見・発想等をカード化し，カードのグループ化を進めます。活用目的には，未知・未経験分野の問題解決や問題の明確化を目的とする場合と，問題解決のプロセスのさまざまな場面での収束を目的とする場合があります。

2 「子どもの言葉で問いを創る授業」のやり方

（1）「子どもの言葉で問いを創る授業」の基本の流れ

　「問いを創る授業」を初めて行う際は，子どもたちが「問いを創る意義ややり方」について学べるように，本授業のルールについて考えたり，2種類の質問方法（閉じた質問・開いた質問）の長所や短所について話し合ったりする時間を必ず設けてください。

　基本は1コマの授業を想定しています（2コマの場合は，62ページ参照）。単元の導入や行事の事前指導，調べ学習などを始める前に行うとよいでしょう。また，校内研修などで，教師も実際に授業を体験すると，実践のねらいや手法についての理解が深まります。授業初回は，下記のすべての手順を行いますが，授業の2回目以降は，下記の③，⑥のa,bの手順は省略できます。

「子どもの言葉で問いを創る授業」の基本形

事前準備（教師）：ア）不思議のタネを創っておく。イ）付箋・ワークシートの準備。
　　　　　　　　　ウ）授業の初めに班分け：4人（以内），進行係を決める。　※〔〕は時間の目安。

Step 1　導入・ルール確認〔5分〕

① 導入——授業の概要を説明する。

② 「子どもの言葉で問いを創る授業」のルールを示す。

③ ルールの意義を確認する（話し合い）〔個人1分／班2分〕。………………………（初回のみ）

Step 2　不思議のタネの提示〔1分〕

④ 子どもたちに不思議のタネを提示する。

Step 3　問いを創る〔20〜25分〕

⑤ 不思議のタネをもとに，問い創りを行う〔個人初回は5分，以降は2分程度→班3〜5分〕。

⑥ 閉じた質問・開いた質問について学ぶ（a：定義紹介，b：長所・短所の話し合い，
　　c：分類，d：書きかえ練習）を行う〔10〜20分〕。………………………（a,bは初回のみ）

Step 4　問いを絞る〔4分〕

⑦ とても知りたいと思う問いを選ぶ（三つ程度）〔個人1分／班3分〕。

Step 5　問いを使う〔5分〕

⑧ 創った問いをどのように活用するか（あるいは何を学べるか）を考える〔個人2分／班3分〕。

Step 6　まとめ（ふりかえり）〔5分〕

⑨ 学習のまとめおよび問い創りの授業のふりかえりを行う。

『たった一つを変えるだけ』新評論P41を参考に作成

50

第3章　子どもの言葉で問いを創る授業の進め方

（2）　最初の授業のやり方

事前準備（教師）

ア　不思議のタネを創っておく――教師は，その授業で子どもたちに何を学んでもらいたいのかを考えて，不思議のタネを創ります。不思議のタネの提示方法は，文章・写真・イラスト・グラフ・表など基本的には何でも構いません（第4章参照）。

イ　付箋・ワークシートの準備――考えた問いを記入し，操作するために使います。ある程度大きめのサイズにします。ワークシートは84～90ページを参照してください。

ウ　班分け，進行係を決める――4人以内が適当です。人数が多いと，子どもたちが創る問いの数も多くなり，作業にも時間がかかります。メンバーの構成は，学級の実態に応じて決めます。最初に各グループの進行係を決め，机は班の形にします。

Step 1　導入・ルール確認

①　導入――授業の概要説明

　問いを創る授業の概要を説明します。「いったいこれから何が始まるのだろう」と，子どもたちにドキドキ・ワクワク感を味わわせましょう。

②　「問いを創る授業」のルールを示す

　本授業のルールは以下の四つです。毎回ルールを確認してから問い創りに入ります。

問いを創る授業のルール

1）できるだけたくさんの問いを創る。

2）問いについて，話し合ったり，評価したり，答えたりしない。

3）人の発表は最後まで真剣に聴く。

4）意見や主張は疑問文に書き直す。

『たった一つを変えるだけ』新評論 P83より（ルール3を改変）

③　ルールの意義を確認する（話し合い）――※初回のみ

　ルールの意義について教師の言葉で説明してしまうと，本授業もいままでの授業同様に，教師が指示して進行するものと子どもたちは思ってしまいます。子どもたち自身が話し合うなかで，ルールについて考え，ルールの意義や必要性に気づくよう仕向けます。

　話し合いのテーマは，次の三つの中から教師が選びます。まず個人で考え，次に班で話し合い，全体で発表します。

51

ルールについての話し合いのテーマ（一つ選ぶ）

・ルールが問い創りにどのように役立つか考える。

・ルールを守ることはどれだけむずかしいか考える。

・守ることが一番むずかしいのはどのルールか考える。

『たった一つを変えるだけ』新評論 P96-100を参考に作成

今後の授業にも影響するので，初回ではこの「ルールの意義を確認する」行程をていねいに行います。次回以降は，ルールの確認を簡単に行います。ルールについての話し合いは一応，「初回のみ」としていますが，2回目以降も適宜話し合いのテーマを変えて行えば，さらに子どもたちにルールが浸透するでしょう。

Step 2　不思議のタネの提示

④　子どもたちに不思議のタネを提示する

事前に準備しておいた不思議のタネを子どもたちに提示します。黒板などに貼れるよう掲示物を事前に用意するか，プロジェクターなどを使用しましょう。

Step 3　問いを創る

⑤　不思議のタネをもとに，問い創りを行う

問い創りを行います。初めに，自分が考えた問いを付箋に記入します。もし，子どもたちから問い創りのやり方について質問があっても，例を示すようなことはせず，「いつ・どこで・だれが・なぜ・どのようになど，疑問文にすればいいんですよ」という程度にとどめましょう。次に，班の進行役の指示で，挙手してから自分が創った問いを発表し，机の中央に置いた班用のワークシートに付箋を貼っていきます。

慣れてくれば，子どもたちは次々に問いを創れるようになりますが，最初はある程度時間がかかると思います。子どもたちの活動状況をみて時間を判断してください。

⑥　閉じた質問・開いた質問について学ぶ（a 定義紹介，b 長所・短所の話し合い，c 分類，d 書きかえ練習）を行う──※ a, b は初回のみ

質問の方法には「閉じた質問」と「開いた質問」の2種類があることを示し，それぞれの特徴を教師が簡単に説明します。子どもたちはそれを聞いて，閉じた質問と開いた質問にはそれぞれどんな長所と短所があるか，班で話し合いを行います。

手順は，以下の3ステップです。①ワークシートを用いて，個人で考える，②班の中

52

で発表し，班の意見をまとめる，③全体で発表する。

次に，班で創った問いを，閉じた質問と開いた質問に実際に分類してみます。付箋に記入した問いを班用ワークシート（85ページ参照）の上で貼り直して分類します。質問の種類を理解すれば，あまり時間をかけずにできるようになります。

さらに，練習として，班で閉じた質問，開いた質問から一つずつ選び，閉じた質問を開いた質問へ，開いた質問を閉じた質問に書きかえます。

Step 4　問いを絞る

⑦　とても知りたいと思う問いを選ぶ（三つ程度）

Step 3を踏まえ，班で話し合いながら，とても知りたいと思う問い（解決したい問い，気になる問い）を選びます。最初に個人で考えて選び，次に班の中で発表し，班としての意見をまとめて絞ります。

問いを選ぶ前に，「知りたいことがわかってスッキリするための問いを選びましょう」などと投げかけて，自分の知りたいことを導く問いを選ぶように意識させましょう。

Step 5　問いを使う

⑧　創った問いをどのように活用するか（あるいは何を学べるか）を考える

創った問いを使ってさらにどのようなことが学べるか，どんな使い方ができるかを考えます。手順は，以下の3ステップです。

1．ワークシートを用いて個人で考える。

2．班の中で発表し，班としての意見をまとめる。

3．班ごとに発表し，創った問いをどのように学習に使っていくのかを考える。

三つに絞った問いと，学級として決めた問いの活用方法を用いて，次の学習に向けての準備をします。

Step 6　まとめ（ふりかえり）

⑨　学習のまとめおよび問い創りの授業のふりかえりを行う

学習のまとめおよび，この授業を通して感じたことや授業の前と後で自分にどのような変化があったかなどをワークシートに記入します。

また，友達の意見を聞いてどのように感じたかなどを書き，問いを創る授業のふりかえりを行います。ここは，自分の学びや自分自身の変化をメタ認知するステップです。

53

3 「子どもの言葉で問いを創る 授業」のやり方 Q&A

前節で説明した授業のやり方（流れ）について，各々のポイントをQ＆A式で詳しく解説します。

Q1 「子どもの言葉で問いを創る授業」のルールの意味は何ですか？

51ページであげた四つのルールは，子どもたちの考える力を育むことはもちろん，互いの認め合いや，授業規律をつくるためにも役立ちます。ルールを一つずつみていきましょう。

ルール① できるだけたくさんの問いを創る

これは，子どもたちの自由な発想や活発な思考を促すためのルールです。次々にスピード感をもって問いを創ることは，発散思考のトレーニングであり，自由な発想を育むためのトレーニングです。問いを創る授業はいわゆるブレインストーミングで，子どもたちは，頭をフル回転させて問い創りを行うことで，思考の訓練をするのです。

初めのうちは，なかなか問いが創れないと思いますが，回を重ね，友達の考えた問いを聞くことにより，しだいに思考力が鍛えられ，どんどん問いが創れるようになっていきます。

「子どもたちが自分で考えた問い」は，子どもたちの自我関与の成果物です。これ以上に強い動機となるものはありません。子どもたちが考えた問いを授業に用いることによって，子どもたちは主体的に授業に参加することができます。

また，考える作業は，その時点での自分の価値観に照らし合わせて取捨選択した結果でもあり，これにより子どもたちは自己決定感を得ることができます。自己決定感は学習の内的動機づけの要素（自己有能感，自己決定感，対人交流感）の一つです。問い創りを繰り返し行うことは，学習の内的動機づけも期待できます。

ルール② 問いについて，話し合ったり，評価したり，答えたりしない

このルールには二つの意義があります。

一つ目の意義は，「ここでは問いをより多く創ることが目的なので，それ以外のことに時間を使わない」ということです。

友達が創った一つ一つの問いについて，「それはどういうこと？」などと質問したり，それ

に対して答えたり話し合ったりすると，そこで時間がとられてしまい，問いを出し合う時間が少なくなります。私たちは日常，気になることがあれば質問し，質問されれば答えます。それをここでは制限されるので，問い創りに慣れないうちは，そこかしこで話し合いが始まる可能性があります。このようなときはすかさず教師が介入して，「問い創りのルール2は何でしたか？」などと，軌道修正する必要があります。

二つ目の意義は，だれもが自由に発言できるようにするためです。自分の創った問い（発言）を他者に評価されると思うと，評価の結果を恐れて発言しにくくなってしまいます。このルール②は，だれがどのような問いを発しても，だれからも良し悪しをいわれることなく，安心して問いが出せる雰囲気をつくるために必要なものです。

自分が考えた問いは自我関与の成果物です。自分が考えた問いを評価されることは，自分自身が評価されたように感じるのです。だれもが自由に発言できる雰囲気をつくることは，問い創りに限らず授業を行ううえで重要なことの一つです。

ルール③　人の発表は最後まで真剣に聴く

だれが創った問いであっても同等に大切に扱われるためのルールです。ルール②と同様に，だれの問いも同等に扱われることで，問いを出しやすくする効果があります。

人は自分を認めてくれる人を認めるようになります。自分を認めてくれる人を否定することは，間接的に自分で自分を否定することにつながるからです。自我関与の成果物である自分の創った問いを大切に扱われると，自分自身を大切に扱ってもらえたように感じます。互いの問いを最後まで真剣に聴き合うことは，認め合う活動でもあるのです。

ルール④　意見や主張は疑問文に書き直す

ルール④は，自分の言っていることを，客観的に見直して自分は何を知りたいのかを把握し，それを適切に表現するためのきまりです。

私たちは，質問のスタイルをとっていても，無意識に自分の考えを主張している場合があります。その場合は，何を知りたいのかをよく考え，疑問文に書きかえます。例えば，「○○（物語の主人公の名前）が，あんなことを言うなんておかしくないですか？」や「なぜ，私はこの課題をやらなければいけないのですか？」は質問のスタイルをとっていますが，前者は主人公の発言がおかしいと主張し，後者は課題をやりたくないことを主張しています。これを疑問文に書きかえるわけです。前者は，「○○があのように言ったのはなぜだろう？」，後者は，「私がこの課題をやる理由は何か？」などと書き直せます。

——以上の①～④のルールを守ることにより，互いを認め合い尊重する関係をつくります。互いに尊重し合って授業を進めることは，授業規律をつくりあげることにもつながります。

なぜ，ルールについて話し合うのですか？

　四つのルールについての話し合いの視点は三つあります。教師が事前に，次の三つのうちのどれかに視点を決めておき，班で話し合います。

①ルールが問い創りにどのように役立つか考える。
②ルールを守ることはどれだけむずかしいか考える。
③守ることが一番むずかしいのはどのルールか考える。

　ルールについての話し合いの大きな目的は，子どもたちが一つ一つのルールをよく知り，意識したうえで問い創りができるようにすることです。①と②はすべてのルールについて，同じ視点で考えます。③はすべてのルールを同じ視点で比較しています。
　話し合いの結果，子どもたちの意見が一致する必要はありません。さまざまな考え方があってよいのです。一つ一つのルールをよく知り，その目的を意識することが大切です。また，①〜③のテーマは，ルールを守ることが前提になっています。「ルールを守って話し合いをすること」を，暗黙のうちに子どもたちに伝えるのです。

 **子どもが問いを創れない場合はどうすればいいですか？
教師はどんな姿勢で臨めばよいですか？**

　本授業中，教師はできるだけ助言をしないようにします。特に，「例えば〜のように」などと例を示すと，問い創りに一定の方向性を与え，自由な発想を妨げてしまいます。子どもから「どうしたらよいかわからない」と言われたら，「問いは，なぜ・どうして・何・いつ・だれ・どこ，などを含んだ言葉から始まります。それらの言葉から始まる問いを考えてください」などとアドバイスします。また，子どもの発言に「いいね」などと返すと評価になります。発言に評価がつくと発言しにくくなるので，評価は控えます。

 閉じた質問・開いた質問とは何ですか？

　閉じた質問は，「はい・いいえ」やひとことで答えられる質問形式です。答える側は答えるのに苦労せずに済み，質問する側は得たい情報だけを得ることができます。

第3章　子どもの言葉で問いを創る授業の進め方

　開いた質問とは，応答内容を相手に委ねる質問形式で，基本的には説明を有するものです。理由を聞いたり（なぜそうなの？），具体例を引き出したり（例えばどんなこと？），経過を聞いたり（どうなったの？），感情を聞いたり（どう感じたの？）する場合に有効です。
　例えば，「あなたは猫が好きですか？」は，「はい・いいえ」で答えられ，「あなたの一番好きな果物はなんですか？」は，「いちごです」などとひとことで答えられるので，二つとも閉じた質問です。対して，「あなたはなぜ猫（いちご）が好きなのですか？」と理由を聞く場合（「かわいいから」「おいしいから」とひとことで終わる場合もありますが），応答内容を相手に委ねる開いた質問です。
　閉じた質問・開いた質問の定義紹介は，初回の授業のときに行います。

Q5　閉じた質問と開いた質問に分類したり，書きかえたりする理由は何ですか？

　問いを創る作業は拡散的思考の段階です。ここでは，自由な発想で考えを広げていき，できるだけ多くのことを考えて問い創りを行います。いっぽう，自分たちが創った問いを閉じた質問と開いた質問に分類し，書きかえる段階は収束的思考です。
　まず，問いには，閉じた質問と開いた質問というタイプがあり，それぞれの目的を理解することが大切です。そのうえで，分類できることを知ります。班で創った問いを分類することで，問い全体を俯瞰し，自分たちは何がわかっていなくて，何を知りたいのか，そしてこれらの問いでどのような情報が得られるのかを把握することができます。
　また，「問い」のタイプによっては，得られる情報が異なることを知り，問いの書きかえをすることによって，どのように問えばどのような情報が得られるのか，体験を通して身につけていきます。例えば，「〜は何かに使えるの？」を「〜は何に使えるの？」と一文字変えただけで，閉じた質問から開いた質問に変わります。一方から他方へ問いを書きかえることで，新しい視点でみられるようになることを知るのです。

Q6　閉じた質問と開いた質問の分類や書きかえがむずかしいときは，どうしたらいいのですか？

　子どもたちの知識レベルや考え方の違いによって，閉じた質問・開いた質問の分類や書きかえがむずかしい場合もあります。分類に迷っている場合，「はっきりと分けられないこともあるけれど，なるべく分けてみましょう。どうしてもわからない場合は△とします」などと

57

促します。また，81ページの実践例では，開いた質問を閉じた質問に書きかえる際，「濃度って何？」を「濃度とは，濃さのことですか？」と書きかえようとしましたが，「濃度って何？の答えが濃さでいいのであれば，ひとことでいえるから，そもそも閉じた質問なのでは？」という意見が出るいっぽう「濃さだけだと濃度の正しい説明にはならないと思う」という意見も出ました。このときの教師の役割は，「よく考えても書きかえがむずかしい場合は保留にして，ほかの問いを使って書きかえましょう」と促すことです。教師が答えを教えてしまえば，自分自身で解決したいという意欲を高めることはできません。ときに子どもたちに「モヤモヤ」を残すことも大切なのです。

　特に開いた質問を閉じた質問に書きかえるのはむずかしいので，先生方も質問文の構造を押さえ，閉じた質問・開いた質問の分類や書きかえを，事前に練習しておくとよいでしょう。

Q7　なぜ，閉じた質問と開いた質問の長所・短所について話し合うのですか？

　閉じた質問と開いた質問の長所・短所についての話し合いは，初回の授業のときに行います。二つの質問のタイプには，それぞれのよさがあることを班で話し合いながら理解していきます。問いの仕方により，得られる情報が異なることを理解し，一方の質問の仕方ではわからないことでも，表現を変えることで情報が得られることを知ります。

　二つの質問のタイプの長所・短所をよく知ることで，自分が知りたいことに応じて，どのタイプの聞き方をすればよいのかを理解します。この過程を通して，自分が何を知りたいのか，そのためにどう問えばいいのかを俯瞰的に考えることにもつながります。

Q8　たくさん創った問いを絞るのはなぜですか？

　たくさん創った問いの中から，いくつかに絞ることとは，問いに優先順位をつけること。つまり，問いの中から，自分の目的に合ったものを適切に選び出すということです。

　自分の考えや他者の考えをもとに，問いを比較・分類・統合・分析して，最終的に判断して選択します（三つ程度）。これはきわめて知的な活動で，繰り返し練習することでさらに鍛えられていきます。私たちは，実際に多くの生活場面で，さまざまなことに優先順位をつけ行動しています。子どもたちは，問いを絞ることを通して，優先順位をつける思考のトレーニングを行うのです。

第3章　子どもの言葉で問いを創る授業の進め方

　なお，三つという数に根拠はありません。多すぎず少なすぎずということで，この数にしました。学習の内容によって，その後の授業で使いやすいように変更してください。

問いを絞ることで，子どもたちにどのような効果があるのですか？

　問いを創る段階では，子どもたちは拡散的思考をし，発想を広げてたくさんの問いを創ります。いっぽう，問いの分類・書きかえ・絞りこみは，収束的思考です。教師が示す問いを絞る視点をもとに，多くの問いの中から目的に合ったものを選んでいきます。

　問いを絞りこむ際，子どもたちは，自分は何を知っていて，何を知らないのか，自分は何を知りたいのかなどを頭の中で整理していきます。これは自分自身や自分の学びを俯瞰的に眺めることでもあり，メタ認知の育成が期待できます。

　問いを選ぶ際に，子どもたちは，なぜその問いを選んだか，理由を説明します。問いを選んだ理由は，その人の価値観に基づくものです。この過程を通して子どもたちは，自分の価値観に気づいたり，再確認したりします。

　さらに，班や学級で話し合う際に，子どもたちはお互いに他者の価値観にもふれます。ときには，その中で自分の価値観を修正することもあります。問いを絞る作業は，子どもたちが価値観を形成していくことでもあります。

　班や学級として問いを選ぶ過程は合意形成です。他者の意見を聞き，自分の意見を伝えながら，選ぶ目的を考え，目的にそって適切に問いを選んでいきます。子どもたちは，問い創りを通して合意形成のトレーニングをするのです。このようにして最後に残った問いは，子どもたちの自我関与した結果です。この問いを，その後の授業に用いることで，子どもたちがより主体的に授業にかかわっていくことになるのです。

Q10　問いを絞るときの基準はどうするのですか？

　問いを選ぶ視点は，問い創りの後に行う学習の内容に合わせてさまざま考えることができます。例えば，「とても知りたい」「とても気になる」「最も興味深い」「どうしても解決したい」「（校外学習を計画するのに）最も助けとなる」などです。その他，作文を書く，調べ学習をする，課題解決学習をする，発表をする，個別学習をする，本や記事を読むなど，問い創りの後に続く活動に合わせて選ぶことなどが考えられます。選択の基準はあらかじめ教師

59

が用意します。選ぶ基準は，具体的で次の学習につながる基準を設定するとよいでしょう。

Q11 問いを絞る際は，どのように行うのですか？

　問いを絞る際は，例えば，個人で考えて班内で発表し，班として問いを三つ選び，さらに，班ごとに発表し学級として問いを三つ選ぶなどします。

　子どもたちを十分に自我関与させるためには，いきなり学級としての問いを選ぶのではなく，必ず個人や班で考え，検討する時間をとることが大切です。自分で考えた，話し合って意見を述べたということが大切です。

Q12 問いを絞るときに，なぜ，自分の知りたい問いになっているかを考えさせるのですか？

　問いを絞る際は，「自分がほんとうに知りたいことを導く問いになっているか」を意識させます。知りたいことは何かを自身に問いかける，メタ認知を促進するプロセスです。「大丈夫。この問いの答えがわかるとスッキリする」と思えたらいいですし，「この問いでは自分の知りたいことはわからない」「この問いは知りたいこととはずれている」と思ったら，それは自ら選択して今回は選ばなかった問いということになります。

　選ばなかった問いも，子どもたちの中に疑問として残り続けます。それは，授業の中で自然な形で解けるかもしれませんし，意外にも別の教科で扱われたりするかもしれません。また，どうしてもスッキリせずに，自分で問いを追究する子どもも出てくるでしょう。これこそ，主体的な学びの原動力になります。

Q13 問いは，まとめたり，つくりかえたりしてもいいのですか？

　問いを三つに絞るとき，自分たちがほんとうに知りたい答え（情報）は何か。そのために，問いをどうつくりかえたら納得できる答えが得られるのか──子どもたち一人一人が考え，対話しながら煮詰め，絞り込んでいくと，以下のような気づきが出てきます。これは歓迎すべきことであり，規制すべきことではありません。

・「二つの問いを一つにまとめられる」と気づく。

第3章　子どもの言葉で問いを創る授業の進め方

　子どもの思考例：「『日本海の塩分濃度は何％なの？』と，『濃度ってどうやって求めるの？』の二つは，『どうやって日本海と同じ濃度の食塩水をつくればいいの？』にすれば，一つの問いで済むよ」

・応用範囲の広い問いに言いかえる（一般化）。
　子どもの思考例：「『どうすれば同じ濃度だとわかるのだろう？』と変えれば，広い意味に使えるかも」→「日本海限定ではなくなるね」→「塩分以外にもいろいろ使えそう」

・一文字の言いかえでも，閉じた質問から開いた質問に変わることに気づく。
　子どもの思考例：「何かに使えるの？」→「何に使えるの？」

Q14　なぜ，創った問いをどのように使うのかを考えるのですか？

　自分たちが創った問いをこの後の学習にどのように使うのかを考えることは，まさに子どもたちの学習への自我関与です。自分たちが考えた問いの活用方法が取り入れられることにより，子どもたちはより積極的に授業に取り組むようになります。問いをどのように使うか考えることは，主体的に授業に取り組む態度を養うためのものです。同時に自分たちは何を学ぼうとしているのかを意識させることにもつながります。

Q15　なぜ，ふりかえりを行うのですか？

　授業時間の制約もあるでしょうが，問いを創る授業の最後には，やり方を工夫して必ずふりかえりを行いましょう。ふりかえりは，自分の学習過程を俯瞰的に眺めることにより，自分の学びについて把握し必要に応じて，感情・思考・行動の修正（國分，2001）を行い，次の学びに生かすためのプロセスです。ふりかえることにより，メタ認知のスキルを身につけていきます。ふりかえりの視点としては，例えば次のようなものがあります。

① 感情レベルの影響について問う質問——「問いを創る際はどんな気持ちがしましたか？」「この授業を通してどのようなことを感じましたか？」

② 思考レベルの変化を問う質問——「あなたは問い創りを通してどのようなことを学びましたか？」「問いを創ることのよさは何ですか？」

③ 行動レベルの変化を問う質問——「問い創りで学んだことをあなたの学習にどのように役立てますか？」

61

Q16 時間内でしっかり終わらせるには，どうしたらいいですか？

　特に最初のガイダンス・バージョンを行う際，前半で予定より時間が伸びてしまい，最後までたどり着けなかったということがないよう注意が必要です。対処法の例をあげます。

① 　学級全体で決める内容にすると時間がかかるので，班での話し合いにとどめるのも手です。

② 　時間の管理は教師がしっかり行う——子どもたちが問いを創ったり話し合ったりする際は，「あと1分です」などと，常に残り時間を伝え，教師が進行を管理しましょう。

③ 　事前に学んでおく——例えば，閉じた質問・開いた質問は，本授業の前に別に時間をとり，事前に学んでおくのも一つの方法です。

④ 　次の機会に回す——例えば，閉じた質問・開いた質問の分類や書きかえがうまくいかないといった場合，次の機会に再度行うことを伝えて次に進みましょう。

⑤ 　事前に模擬授業を行う——時間のかかり方は，発達段階，学級の状態，不思議のタネの内容によっても変わってきます。先生方数人でまず試しに行ってみて，問題となりそうな点，時間がかかりそうな部分を押さえ，事前に対策を立てるとよいでしょう。

⑥ 　2時限続きで行う——50ページの基本形でいうと，1時限目は，Step 3の⑤「問いを創る」ところまで。2時限目は，Step 3の⑥「閉じた質問・開いた質問について学ぶ」から始めるとよいでしょう。

Q17 「問いを創る授業」をブラッシュアップするには，どうしたらいいですか？

　提示した「不思議のタネ」によって，授業の真のねらいが達成できたか否かについては，どのように判断したらよいでしょうか。それには，「蓄積データ」をとることをおすすめします。これによって，教師の授業力も磨かれていきます。

　「蓄積データ」は，教師の指導行動の結果，うまくいったら（＋），うまくいかなかったら（－），変化がなかったら（±）として記録をとることで，自分の指導行動についてメタ認知的視点をもつことができます。そのため，教師の指導行動が自然とPDCAサイクルでブラッシュアップされる仕組みになっているというわけです。詳しくは，『うまい先生に学ぶ　実践を変える2つのヒント』（鹿嶋真弓，図書文化）をご参照ください。

　また，問いを創る授業の研修会等も実施しています。実践発表と質疑応答を軸にしたブラッシュアップ講座も行っていますので，ぜひご参加ください（167ページ参照）。

第4章

不思議のタネの
創り方

1 不思議のタネとは何か

（1） 不思議のタネとは何か

　不思議のタネとは，子どもの言葉で問いを創る授業（以下，問いを創る授業）のカギとなるものです。事前に教師が準備し，授業の最初に子どもたちに提示します。提示された不思議のタネは，子どもたちが問いを考え出すための起爆剤となる，言葉や文章，図や写真，表やグラフ，実物などのことです。通常の授業の初めで板書する，めあてやねらいを不思議のタネに変えるイメージですが，意味合いはまったく異なります。

　ここでは，不思議のタネの種類の中から，活用頻度の高い3種類について紹介します。

① 本人の興味・関心のあるもの

　本人の趣味や好きなことはもちろん，事物現象で興味・関心のあること，ニュース等で気になる出来事などがあげられます。そして何よりも，子どもたちの共通の関心事といえば，自分の未来に関することです。将来の夢を叶えるために，役に立つかもしれないと思ったら，それだけでたくさんの問いが浮かぶでしょう。

② 社会にとって重要な課題

　人権や環境問題など，社会にとって重要な課題。この答えなき問いこそ，人として常に問い続けていくことが大切なのだと思います。問いを創る授業の醍醐味は，その思考プロセスを体験的に学べることにあるのです。

③ 教科等で学習価値のあるもの

　まず教師が「この授業で何を達成したいのか」について考えることが大切です。子どもたちが問い創りをする目的は何か，創り出した問いをどのように活用するのかなど，具体的なイメージをもつことで，研ぎ澄まされた不思議のタネが提示できるのです。

（2） 好奇心 MAX の不思議のタネにするには

　不思議のタネは，子どもが問いを考え出すための起爆剤ですから，対象となる子どもたちの好奇心に火をつける必要があります。好奇心には次の三つのタイプがあります。

- ・拡散的好奇心（いろんな方向に発生する「知りたい！」という欲求）
- ・知的好奇心（知識と理解を深めたいという欲求）
- ・共感的好奇心（他者の考えや感情を知りたいという欲求）

　この中で拡散的好奇心が最も基本的なもので，やがて知的好奇心へと進化を遂げま

す。言葉を覚えたばかりの子どもが，大人を困らせるほど問い続ける「どうして？」が拡散的好奇心で，「広く浅く」が特徴のため，深まるところまではいきません。小さいころの私（鹿嶋）の好奇心がまさにそうでした。とにかく，道を歩いていても，空を見上げても，一瞬にして心がとらわれてしまいます。ただ，その好奇心は自由気ままなため，すぐに飽きてしまい，また新しい世界へと次から次へと興味が移っていきます。だからといって，この拡散的好奇心がいけないわけではありません。せっかく興味がわいたのですから，もう一歩踏み込んで深めるようにすればいいだけのことです。

では，拡散的好奇心から知的好奇心へと進化を遂げるための教師の役割とは，いったい何でしょう。実は，進化するには条件があります。それは，23ページで説明した「予想と現実の不整合」と「情報の空白」です。好奇心が縦軸，予想と現実の不整合，情報の空白が横軸としてその関係性を表しています。予想と現実の不整合，情報の空白，この二つの条件がほどよく整ったとき知的好奇心はMAXになることが示されています。

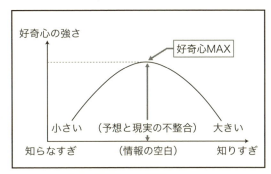

図1　「予想と現実の不整合」「情報の空白」と好奇心の強さとの関係
イアン・レズリー（2016）を参考に作成，P23より再掲

「予想と現実の不整合」とは，自分が予想したことと現実とのズレのことで，私たちは常にこのズレを修正しながら認知発達を遂げてきました。しかし，好奇心の視点からこのズレを眺めてみると，ズレが小さいと「まあ，こんなものか」と，軽く修正できるという安心感から好奇心は弱く，逆にズレが大きすぎると，今度は何をどのように修正すれば現実にマッチするのかさえわからないという失望感から，これもまた好奇心は弱くなります。つまり，予想とちょっと違うくらいだと好奇心がわいてくるのです。「きっと，こういうことだろうなぁ」と予想していたことが，「え～，思っていたことと違うの？」となったとき，「何で違うの？」と気になり，好奇心に火がつくのです。

「情報の空白」とは，心理学・行動経済学者のジョージ・ローウェンスタインが提唱した考え方で，新しい情報によって無知を自覚し，自分の知識の空白の存在に気づいたとき，好奇心がわくというものです。これも，予想と現実の不整合と似ていて，自分の知っていることの近くに情報の空白があると「ん？　なんだろう？」と気になりますが，すでに知りつくしていると思っていることについては，それ以上は知りたいと思わないので，好奇心はわきません。また，情報の空白が大きすぎても「別にいいかなぁ～」と知ろうとはしなくなります。

つまり，好奇心が最も強くなるのは，「知りすぎと知らなすぎの間」になるわけです。これらをうまく子どもたちに提供することこそ，教師の役割といえるでしょう。

（3）　不思議のタネはそれ自体が不思議である必要はない

　「不思議のタネ」といわれると，だれもが「それってどういうこと？」とか「聞いたことがないけど，ホント？」といった，「すご～く不思議なもの」を探して提示しなくてはならない，と思うかもしれません。しかし，不思議のタネとは，それ自体がすご～く不思議である必要はないのです。いままで気にもとめなかった，ごくありふれた事物現象や，あたりまえすぎて考えてもみなかったけれど，改めて注目することで，新たな気づきや発見につながるしかけとなるようなものなのです。

　例えば，ニュートンが，りんごが木から落ちるのを見て，万有引力の法則を発見したという逸話がありますが，だれもがあたりまえと思っていて気にもとめなかった現象でも，ニュートンにとっては不思議のタネになったのでは？　と考えると納得していただけるでしょう。

　「発見の最大の障害は無知ではない。知っていると勘違いすることである」と考えるならば，私たち大人にとって，知っていてあたりまえで，立ち止まることなく通り過ぎてしまうような事物現象のなかにこそ，実は不思議のタネが潜んでいるのではないでしょうか。ということは，私たち自身が，常識を疑ってみること，あらゆる事物現象について「それってどういうこと？」「不思議だなぁ～」と見る目と感じる心をもつ（あるいはもとうとする）ことが大切なのだと思います。

（4）　不思議のタネのリソースノートを作ろう

　まずは不思議のタネのリソースノートを準備します。これは芸人さんのネタ帳のようなものです。教師になりたてのころの私のリソースノートは週案でした。そこに，教科の授業や学級経営，学級通信などで使えそうなネタをひたすらメモしていました。徐々に週案では書ききれなくなり，新たにリソースノートを作ることにしました。その後，パソコンにリソースフォルダーを作成し入力していましたが，最近では手軽に入力できるスマートフォンのほうが便利です。

　いずれにしても，日ごろから不思議のタネのネタ集めをされるといいでしょう。これって使えそう！　と思ったらすぐに書きとめます。せっかくいい案が思い浮かんでも，忘れてしまってはもったいない話です。

第4章　不思議のタネの創り方

2 不思議のタネの創り方

（1） 不思議のタネ創り「5ステップ」

　問いを創る授業を行う際，教師は子どもたちに示す不思議のタネをあらかじめ検討しておく必要があります。不思議のタネは次に示す5段階で作成します。

Step 1 　不思議のタネの活用目的を明らかにする

　不思議のタネを使って何をしたいのかその活用目的をよく考えます。活用目的とは，概念や定義，授業の内容に焦点を絞り，探求したり追究したりするフォーカス（Focus）や，新単元や授業の導入，深化補充，興味・関心の

> **不思議のタネの活用目的**
> □フォーカス：Focus（探究する，追究する）
> 　→概念，定義，授業の内容の理解
> □ディスカバリー：Discovery（視野を広げる，発見する）
> 　→導入，深化補充，興味・関心の喚起，新しい視点や考え
> □キープマインド：Keep mind（問い続ける）
> 　→生き方，あり方，人権，倫理，道徳

喚起，新しい視点で視野を広げたり，発見したりするディスカバリー（Discovery），そして，生き方やあり方，人権や倫理，道徳などを問い続けるキープマインド（Keep mind）があります。つまり，問いを創る授業を実践するうえでのゴールイメージです。もちろん，この授業を通して，現時点でどの程度理解しているか，子ども自身のメタ認知に活用したり，子どもの理解度を教師が把握したりすることにも活用できます。

Step 2 　期待される子どもたちの問いを書き出す

　この授業を展開するなかで，子どもたちにどのような問いを抱いてほしいか，その期待される問いを，まずは教師が自分自身でたくさん創り，「先生のための『不思議のタネ』アイデアシート」（73ページ参照）に書き出します。そうすることで，この授業を通して，子どもたちのどのような思考活動を促したいのかが，より明確になり不思議のタネのアイデアが浮かびやすくなるのです。

Step 3 　その問いが出るための不思議のタネを書き出す

　期待される問いを書き出したら，次は不思議のタネのアイデアを出します。コツは，できるだけ多様なアイデアを出すことです。不思議のタネは，文章のほか，写真や図表，イラストでも構いませんが，とにかく単純さをめざします。文章ならなるべく短くします。子どもたちに提示できる不思議のタネは一つですが，これぞという不思議のタネを生み出すための大切なひと手間です。

　このとき，授業のゴールイメージだけではなく，そこにいたる思考活動をもイメージ

67

することで，不思議のタネのバリエーションが広がっていきます。自分一人ではアイデアを出すにも限界があります。職員室で話題にして同僚と話しているうちにひらめくこともあります。最初はむずかしいと感じるかもしれませんが，回を重ねるうちにスラスラと出てくるようになります。それでも思い浮かばない場合は，同僚と一緒にああでもないこうでもないと楽しみながら不思議のタネ創りにチャレンジするといいでしょう。

Step 4　書き出した不思議のタネを絞り込む

不思議のタネを書き出したら，次に示すア〜エの四つの視点（『たった一つを変えるだけ』新評論 P58より引用）をチェックしながら，絞り込んでいきます。ここで大切なことは，子どもたちの思考活動を促進するためには，どの不思議のタネを選べばよいか，納得がいくまで吟味することです。

ア．不思議のタネには明確な視点がある

明確な視点とは，授業の真のねらいのことです。真のねらいとは，１単位時間の到達目標にとどまるものではありません。これまでの学びはいまの学びのどことつながっているのか，また，いまの学びはやがてどのような学びにつながっていくのか，といった全体像を把握することでみえてきます。つまり，全体像の中の現在地を把握することで，はじめていまの学びに広がりと深みをもたせることができるのです。

例えば，不思議のタネを「夏は暑い」にするか，「日本の夏は暑い」にするかによって，未来の学びへの広がりは変わってきます。子どもたちから出される問い（疑問）に明らかな違いがみられます。あえて「日本の」とつけることで，日本以外の国へも視点を向けやすくし，地球規模で気象について考えてみようとする力がついてくるのです。

イ．不思議のタネ自体は質問ではない

不思議のタネといわれると，つい「なぜ〜だろう？」と疑問文にしたくなります。しかし，それ自体が質問では，子どもたちが問いを創るどころか，その質問の答えを探したり，思い出そうとすることになります。つまり，不思議のタネ自体が質問になっていると，子どもたちは問いを抱けなくなるのです。とはいうものの，もしも，思い浮かんだ不思議のタネが疑問文になってしまったらどうすればいいでしょう。そこまでできたら，あとは簡単なことです。事実を述べればいいだけのことです。例えば，思い浮かんだ不思議のタネが，「なぜ雲は落ちてこないのだろう？」と疑問文になってしまったら，「雲は落ちてこない」とか「雲は浮かんでいる」と事実を述べるということです。

ウ．新しい思考を刺激し誘発するようなもの

「予想と現実の不整合と情報の空白」でもお話したように，この二つの視点があると，新しい思考を刺激し，誘発しやすくなります。「予想と現実の不整合」とは，自分

第4章　不思議のタネの創り方

が予想したことと現実とのズレのことなので「え～，何で違うの？」となりますし，「情報の空白」に気づいた瞬間，「え？　なになに？」となるからです。ということは，目の前の子どもたちがどのような予想をするか，何をどこまで知っているかについてのアセスメントが大切だということです。

　子どもたち（もしかしたら大人でさえも）が間違えやすいことや，知っているようで知らないことなどに目を向けて，日ごろから情報収集に努めることが大切です。

エ．教師の好みや偏見は避ける

　いままでの授業に慣れている子どもたちにとって，「本時のねらいは何か」は気になるところです。授業の中で不思議のタネを提示しても，「先生は自分たちに何を期待しているのだろう」と考える子どもは少なくないでしょう。ここでいう，教師の好みや偏見とは，教師が答えをもっていて，その答えに子どもたちを誘導するような不思議のタネにはしないということです。そのようなことをしたら，問いを創る授業が最も大切にしている，子どもの本音が聴こえてこなくなるからです。

Step 5　不思議のタネをブラッシュアップする

　仕上げとして，ここで選んだ不思議のタネが，ほんとうに子どもたちの思考活動を促進するものになっているか，その不思議のタネをもとに，再度，問いを考えてみましょう。もしも，納得のいく不思議のタネができなかった場合，さらなるアイデアを探し求めることも大切です。また，ほんの少し言葉をつけ加えたり，削ったりするだけで，効果的な不思議のタネに進化することもありますのでお試しください。

（2）　不思議のタネは写真・図表・イラストでもよい

　不思議のタネは必ずしも文章である必要はありません。この場合，写真や図表，イラストのほかに文章を入れるか入れないかが悩みどころです。しかし，思考の刺激が多すぎると，提示した不思議のタネのどこに子どもたちが反応するかわかりませんので，写真・イラスト・図表などを用いる場合は，できるだけシンプルに準備するのがいちばんです。

　ただし，明確な視点があるからこそ，2枚提示したり文字を入れたりという場合もあります。例えば，次ページの表のように，ペリーの肖像画を1枚提示した場合と2枚提示した場合では，明らかに教師の意図する視点は異なります。

　また，これら2枚の肖像画のほか，「この2枚の肖像画は同一人物です」という文章も一緒に提示すると，肖像画の人物像のほか，どのような立場の人がその肖像画を描いたかに焦点が当たることになります。

	A	B	C
不思議のタネ			「この2枚の肖像画は同一人物です」
授業者の視点	この肖像画の人物とそれを描いた人物に焦点が当たる。	この肖像画の人物2名の関係性に焦点が当たる。	どのような立場の人がどのような思いを込めて，これらの肖像画を描いたのかに焦点が当たり，このような事象についての一般化に迫ることができる。

写真：(左)下田了仙寺蔵／(右)アフロ

(3) 子どもがワクワクする不思議のタネとは

① 知りたい欲求を刺激するもの

　教師自らがワクワクしない不思議のタネは，子どももワクワクするはずがありません。自分が考えた不思議のタネがワクワクするか否か，試しにまず問い創りをやってみましょう。知りたい欲求が刺激され，次から次へと問いができるようでしたら，子どもたちもきっとワクワクすることでしょう。知りたい欲求は「予想と現実の不整合と情報の空白」でお話したことのほか，自分の未来に役に立つ内容，例えば，道徳や特別活動においては「～すると成績が伸びる」（実践事例156ページ参照）「～すると夢がかなう」「人とうまくつき合うには～が大切」などです。

② 実物を提示する

　教科の授業では，単元のなかでも特に子どもたちにとってインパクトがあり，動機づけしやすい内容項目のとき，試しに問いを創る授業を展開してみるのも一つの手です。

　不思議のタネには，文字で提示するほか，写真・図表・イラストがあると前述しましたが，ほかにも実物を提示する方法もあります。例えば，小学校2年生の算数の時間（高知市立江陽小学校の冨永佳美先生の実践）に「これは竹ざしです」と板書し，実物を子どもたち全員に配布したところ，定規と違って目盛りに数字が書かれていない竹ざしに，子どもたちはみな興味津々でした。実物を人数分準備できない場合でも，班に1本ずつ配布すれば，彼らはじっくりと観察しながら問いを創り続けることでしょう。

③　知的好奇心をそそるもの

　なかには，与えられた問いに答え続けているうちに，知識ばかりが増え，自由な発想が阻害され続けた結果，ワクワクすることが少なくなっている子どももいるでしょう。

　つまり，小学校高学年以降の子どもたちに対しては，より知的好奇心をそそるような不思議のタネを提示することが大切になるのです。すご〜く不思議でなくても，「あらためて考えてみると不思議かも」というように，「予想と現実の不整合と情報の空白」に気づかせるものがいいでしょう。例えば「低い場所に見える月は大きく見える」などのように。

④　答えのないテーマ

　答えのないテーマをそのまま不思議のタネにすると，自由発想を養う練習にもなります。なぜならば，だれも答えを知らないのですから，正解・不正解といった発想がないからです。例えば，「20年後の日本の幸福度は世界一高い」とか「子育てしやすい町は人口が増加する」などです。中学生や高校生には，主体的に考えながら自分たちの未来を自分たちで切り拓くイメージがもてるようになるでしょう。

　いずれにせよ，私たち教師はセンサーを磨きながら，子どもたちがワクワクするにはどのような不思議のタネが有効か常に考え，書きとめ，互いにシェアできる仲間をつくることが大切です。

(4)　ときにはズキズキする不思議のタネを

①　社会問題や環境問題等の答えなき問い

　同じ答えのないテーマでも，ワクワクというよりズキズキする不思議のタネがあります。例えば，本書の元になった『たった一つを変えるだけ』（新評論）で紹介されている「拷問は正当化できる」のような不思議のタネです。

　この不思議のタネを見た瞬間，いろいろな場面や状況を想像しながら，自分の心と向き合い自己内対話が始まります。自己内対話が深まると，その課題との対話も促進されます。さらに，他者との対話の中から自分の考えとの相違点や共通点について意見を交わし，究極の選択へと自己決定していきます。

　もちろん，答えはありません。だからこそ，人に流されず自分で問い続けるのです。ズキズキしながら。

　こうした社会問題や環境問題等，答えなき問いを問い続けることの重要性に私たち大人は気づきながら，どうすれば答えなき問いを問い続けることができるような子どもたちを育てることができるのか，答えを見いだすことができずにいました。教育現場で

は，あるときはディスカッションを，あるときはディベートを，と手をかえ品をかえチャレンジしてきたものの，残念ながら答えなき問いを問い続ける子どもたちはそう多くは育っていません。

② 答えなき問いを問い続ける子どもの育成を

いまこそ，問いを創る授業により，問う力，問い直し，問い続ける力を育てるチャンスです。ここで注意したいのは，間違っても「教師のもつ正解」をタネにしないことです。教師としてはよかれと思って，自分の価値観を押しつけたり，教師の考える正解へのレールに子どもを乗せたりしがちです。

しかし，だれかの言いなりになるということは，自分の考えをもってはいけないということです。私（鹿嶋）が「子どもの言葉で質問を創る」ではなく「子どもの言葉で問いを創る」にこだわったのにはわけがあります。「質問」は一方通行です。質問する人と質問される人の二者の関係で成り立ちますが，「問い」は他者に問いかけると同時に自分に問いかけ，問い直し，問い続けることができるのです。つまり，自分事として問い続けることができるということです。人間は自ら考え判断し行動する（あるいはあえて行動しない）生き物です。その行動の源となる「自ら考え」が抜け落ちたのでは意味がありません。

実は，問いを創る授業の一番のねらいはそこにあるのです。そのねらいこそ，今後の教育がめざす「答えなき問いを問い続ける力」の育成にほかならないのです。

では，その答えなき問いに問い続けるための不思議のタネは，どのように創ったらよいのでしょう。社会問題や環境問題に関することはもちろん，命に関すること，人の生き方に関すること，つまり，人権や倫理に関する領域がヒントになるでしょう。

例えば，「死刑制度は必要である」という不思議のタネによって，裁判員裁判で死刑にするか否かへの葛藤を自分事のように体験するかもしれません。「安楽死と尊厳死は違う」という不思議のタネによって，その違いについてズキズキしながら問い続けることがあるかもしれません。「津波対策の防波堤」という不思議のタネによって，防波堤があったから助かった人と防波堤があったために助からなかった人の存在を知るかもしれません。社会問題では，「日本は移民を受け入れていない」，環境問題では「それでもフロンガスはなくならない」など，あげればきりがありません。

ここで紹介した不思議のタネは，「自分には関係ない」とか，「考えても何かが変わるわけではないから考えるだけ無駄」という人がいるかもしれません。しかし，私たちが目を背けてはいけないことばかりです。だれかが考えなくてはいけない内容であり，だれもが考えなくてはいけない内容なのではないでしょうか。

第4章　不思議のタネの創り方

先生のための［不思議のタネ］アイデアシート

ステップ1　活用目的（思考活動）（□にチェックを入れる）

□フォーカス：Focus（探求する、追究する）
→ 概念、定義、授業の内容の理解

□ディスカバリー：Discovery（視野を広げる、発見する）
→ 導入、深化補充、興味・関心の喚起、新しい視点や考え

□キープマインド：Keep mind（問い続ける）
→ 生き方、ありよう、人権、倫理、道徳

□その他（　　　　　　　　）

指導目標

ステップ2　シミュレーション：期待される子どもたちの問い

ステップ3　不思議のタネのリストアップ
（文字、写真、図表、イラスト、実物など）

ステップ4　不思議のタネの絞り込み（□にチェックを入れる）

□明確な視点がある
□それ自体は質問ではない
□新しい思考を刺激し誘発するようなもの
□教師の好みや偏見は避ける

ステップ5　ブラッシュアップ

話し合いの4つのルール（P51参照）

本書では，参考にさせていただいた「質問づくり」（『たった一つを変えるだけ』新評論）から，3番目のルールを以下のように変更しました。

●たった一つを変えるだけ──「質問は発言のとおりに書き出す」
●問いを創る授業──────「人の発表は最後まで真剣に聴く」

変更の理由は，『たった一つを変えるだけ』には，「発言を（教師等が）書き留める」という手順があるのですが，本書では「創った問いは（子どもが）自分で付箋に書く」ことを基本としたからです。小中学校で行う場合，一人一人に発言を求めて書き留めるよりも，付箋を利用するパターンが簡便で汎用性があることがわかってきたため，本書ではそれを基本の手順としました。

ただし，子どもの発表を書き留めていく場合には，「質問は発言のとおりに書き出す」という元のルールが大切な意味をもちます。一つは，本人の分身である「問い」を大切にすることは，その人を尊重することにつながるからです。そしてもう一つ，学習の苦手な子どもほど，自分の発言がそのまま採用された経験をもたないからです。質問づくりには正解がありません。だから，発言は省略したり言い直したりせず，一言一句そのまま書き写します。発言を「書く」にしても「聴く」にしても，このような丸ごと受け止める姿勢が，子どもに安心と自由を保障することを忘れないでください。

「問い」という表現，「閉じた質問／開いた質問」

本書では Question を「問い」としました。「質問」には基本的に相手がいて，そこには「答え」がありますが，本書では，相手の存在は問わず，子どもの頭と心に「？」をいかに芽生えさせるかを追求しました。不思議のタネに刺激を受けて，自己と対話することで問いが生まれ，その問いを求めて探究が始まり，主体的で深い学びへとつながることを期待しています。

また，「閉じた質問／開いた質問」「効果的な質問のスキル」を学ぶことは，何をどのように質問すれば期待する答えが得られるのかを知るためにとても重要です。しかし，実際に取り組んでみると，質問の分類や書き換え，性質の理解を1単位時間で取り扱うことが難しく，特に小学校低学年ではその傾向が顕著でした。時間を別に設けたり，問いづくりの体験をしてから分類を行うなど，発達段階に応じた工夫が必要です。

第5章

子どもの言葉で
問いを創る授業の実際

1 「子どもの言葉で問いを創る授業」は 最初の授業が勝負！

　ここまで本書を読み進めて，「この授業をやってみたい！」と思われた先生は多いのではないでしょうか。「でも，この授業を通しでやるのは大変だから，不思議のタネだけでもさっそく使ってみよう」——そう思われた先生，はやる気持ちはわかります。でも，ちょっと待ってください。子どもの言葉で問いを創る授業（以下，問いを創る授業）では，最初の授業が勝負なのです。

　最初の授業には，理論に裏づけされた，問いを創る授業のエッセンスがぎっしりと詰まっています。そこを体験しないまま，この授業を展開しても，期待されるような効果はなかなか得られません。問いを創る授業の成功のポイントをもう一度，押さえておきます。最初の授業で，子どもたちに伝えたい，問いを創る授業の意義は，次の四つです。

① **自分で創る問いの意義**

② **ルールの意義**

③ **閉じた質問・開いた質問をそれぞれ書きかえる意義**

④ **とても知りたいと思う問いを選ぶ意義**

①　自分で創る問いの意義

　問いを創ろうと一生懸命に頭を働かせてあれこれ考えると，対象との間にかかわりが生じます（自我関与）。自我関与したものは自分の分身になります。自分で創った問いは，自分と同じくらい大切なものになるということです。自分で創った問いだからこそ，教科の授業はもちろん道徳，生活指導，学校行事など，教師の工夫次第で子どもの主体的な学びへとつなげることができるのです。

②　ルールの意義

　問いを創る授業のルールは四つあります（本書51ページ参照）。最初の授業では，これらのルールについて話し合うことで，子どもたちがルールの意義や必要性を確認できるようにします。

　話し合う内容は，三つのテーマ（本書52ページ参照）中から事前に教師が一つ選びます。

　三つのうち，どれを選んで話し合ってもかまいません。どのテーマで話し合っても，「ルールは問い創りに役立つ」ことがわかります。また，「ルールを守ることはどれだけ

第5章　子どもの言葉で問いを創る授業の実際

むずかしいか考える」や「守ることが一番むずかしいのはどのルールか考える」では，「ルールを守る」ことを前提に，その意義を考えることができます。

③　閉じた質問・開いた質問をそれぞれ書きかえる意義

　人は得たい情報を得るために質問します。ほんとうに得たい情報を的確に得るための質問とはどのような質問か，立ち止まって考えてみるために，閉じた質問と開いた質問について学びます。

　これまで何気なく質問していた子どもたちも，質問には閉じた質問と開いた質問があることを知ると，それを使い分けることができるようになります。閉じた質問から開いた質問へ，開いた質問から閉じた質問へ，書きかえる練習をし，やがて自由に使いこなせるようになれば，その後，子どもたちは問い続け，探求し続けるうえで無敵になります。

④　とても知りたいと思う問いを選ぶ意義

　「とても知りたいと思う問いを選ぶ」という作業は，「だれかに決められてやらされる」強制の対極にあるわけです。いっぽうで，自ら選んだことには責任が伴いますので，主体的に動くためのスイッチも自然に入るしかけになっています。自立心・自律性も育っていきます。

　実は，この選ぶ作業にも「前提」があります。つまり，「とても知りたい問い」を選んだ段階で，子どもたちは，その問いを「とても大切な問い」と認識しているものになっているということです。さらに，選ぶ問いが，自分の知りたいことを導く問いになっているかを意識させることで，メタ認知も促進されるのです。

　いかがでしょう。問いを創る授業では，最初の授業が勝負という意味をご理解いただけたでしょうか。ぜひ，最初の授業をしっかり行うことで，その後の授業に差をつけてください。

　次ページから，実践例を詳しく紹介しますので，参考にしてください。

77

2 初回授業（基本形）の実践例

不思議のタネ 「日本海と同じ濃度の食塩水をつくる」

〔事前準備〕　●事前に不思議のタネを創り，黒板に貼れるようカードにする。

　　　　　　●閉じた質問・開いた質問の説明カード（80ページ参照），個人用ワークシート5枚（①ルールについて考える，②閉じた質問・開いた質問の長所・短所，③閉じた質問・開いた質問のかきかえ練習，④とても知りたいと思う問いを三つ選ぶ，⑤＋⑥活用法＆ふりかえり）＋班用ワークシート1枚。

　　　　　　●班分け：4人（以内）進行係を決める。

〔所定時間〕　●下記では60分を想定。

　　　　　　●学年や学級の状態により，話し合いの時間は調整する。

	授業の流れ（T 教師／S 児童生徒の発言・思考例）	●補足・解説 ★留意点
耕し	**Step 1　導入・ルール確認** **1．導入** T　「これから，問いを創る授業を行います」 　　「この授業では私は問題を出しません。これから黒板に貼る「不思議のタネ」を見て，「これは何？」「なんで？」「どうしたらいいの？」など，自分の中に疑問がわいたり不思議に思ったりしたことを問いにします。問いを創る初めての授業です。ワクワクしながら楽しみましょう」 **2．問いを創る授業のルールを示す** T　「問いを創る授業では，大切になるルールが四つあります」 **問いを創る授業のルール** 1．できるだけたくさんの問いを創る。 2．問いについて，話し合ったり，評価したり，答えたりしない。 3．人の発表は最後まで真剣に聴く。 4．意見や主張は疑問文に書き直す。 **3．ルールの意義を確認する（話し合い）──初回のみ** T　「四つのルールが，問いを創る授業にどのように役立つか，個人で考えたことをワークシート①に記入します。時間は1分です」 T　「次に，班の中で発表し，班としての意見をまとめます。時間は2分です」 T　「はい，残り時間はあと1分です」（※1） T　「では，班ごとに発表します（※2）」 　1班「2のルールを守るのはむずかしいという意見が多く出ました。でも，問いをたくさん創るのが目的なら，できるだけ時間内にたくさん意見が出たほうがよいので，このルールは役立つと思います」	●初回は問い創りを目的に授業を展開する。 ●ここでは小学校高学年〜中学校1年生，数学・理科等の調べ学習の導入を想定。 ●付箋，ワークシートをすべて配る。 ●黒板に授業のルールを書いたカードを貼る。 ●ルールは発達段階に応じて表現を変える。 ●ワークシート①を使用。 ●話し合う内容は以下の①〜③から教師が事前に決めておく（56ページ参照）。 ①ルールが問い創りにどのように役立つか考える。 ②ルールを守ることがどれだけむずかしいか考える。 ③守ることが一番むずかしいのはどのルールか考える。 ※1　残り時間はその都度伝えて時間を管理する（以下略）。

78

第5章 子どもの言葉で問いを創る授業の実際

	2班「問いを創っても人に何か言われるとやる気がなくなるから，互いの意見を大事にして最後まで真剣に発表を聴くことが大切だと思いました」 3班「四つのルールそれぞれが関係し合って，授業に役立つのだと思いました。でも，四つ目のルールの意味がよくわかりませんでした」 T「いろいろな意見が出ましたね。最後に，四つ目のルール『意見や主張は疑問文に書き直す』がよくわからないという意見が出ました。これについて説明できる人はいませんか？」 S「……（沈黙）」 T「では，例えば，『主人公Aがあんなことを言うのはおかしくないですか？』と言った場合，これは問いになっていますか？」 S「う〜ん……問いになっているように見えるけど，『何でだろう？』と疑問に思っているのではなくて，『Aが言っていることはおかしい』と自分の考えを言っていると思います」 T「では，これを疑問文にするとどうなりますか？」 S「……Aがあんなふうに言ったのはなぜだろう？　……かな？」 T「そうですね。四つのルールを守ることを忘れず，授業を進めていきましょう」	※2　本授業全体を通して，発表は全班か一部の班にするか適宜決める。 ★質問が出ても**教師は答えを言わないのが原則**。教師の役割は，**スムーズな進行の補佐と子どもからリソースを引き出す促進剤**になること。これは本授業における基本姿勢。
 種まき	**Step 2　不思議のタネの提示** **4．不思議のタネを提示する** T「では，不思議のタネを発表します。みなさんで読んでください」 **不思議のタネ　「日本海と同じ濃度の食塩水をつくる」** S「え〜，何これ？」 T「そういう頭に浮かんだことを問いにすればいいんですよ」	●不思議のタネを書いたカードを黒板に貼る。
 発芽	**Step 3　問いを創る** **5．不思議のタネをもとに，問い創りを行う** T「まず一人一人が，不思議のタネを見て思いついた問いを，付箋1枚に一つずつ記入します。さきほどのルールにもあったように，意見や主張ではなく，必ず問い（疑問）の形にして書きましょう。時間は5分です。できるだけたくさん記入しましょう」 T「班の中で発表し合います。一人ずつ自分が創った問いを発表し，机の中央に置いた班用のワークシートに付箋を貼っていきます。時間は5分です」（※3）。 「発言した人の問いと自分の問いが同じだったら，『私も同じです』と言って，近くに付箋を貼ります。友達の問いを聞いていて，新たに思いついた問いがあればそれも発表しましょう。その場で付箋に記入し同様にワークシートに貼ります。ルールを守って問いをたくさん出し合いましょう」	●付箋と班用ワークシートを使用。 ※3　初回は5分程度。慣れてきたら2分程度。以降の作業も同様に初回は長めに時間設定を。 ★机間巡視中，**評価はしない**。質問を受けても問いの**例は示さない**。例を示すと，それを教師が求めていることと受け止め自由な思考が停止してしまう。「いつ・どこで・だれが・なぜ・どのようになど疑問文にすればいいんですよ」という程度にとどめる。

79

〔班での問い創り　1班の様子〕

S 「濃度って何だっけ？」→「私，知ってるよ。濃度っていうのはね……」

T 「はーい，ルールの2番は何でしたか？」（※4）

S 「え〜と，『問いについて話し合ったり，評価したり，答えたりしない』です」

T 「そうですね。では続けましょう」

〔子どもたちが創った問いの例〕

日本海とほかの海では濃度が違うの？	場所によって濃度が違うの？	なぜ海に塩が含まれているの？
食塩水はどうやってつくるの？	水に溶けた塩をどうやってはかるの？	濃度ってどうやって求めるの？
日本海の塩分濃度は何％なの？	どうやって日本海と同じ濃度の食塩水をつくればいいの？	海水と同じ濃度の食塩水をつくると何かに使えるの？

6．閉じた質問・開いた質問について学ぶ

a：定義紹介──（初回のみ）

T 「実は質問には2種類の形式があります。閉じた質問と開いた質問と言います。閉じた質問とは，はい・いいえ，または一つの言葉で答えられる質問です。開いた質問とは，説明を必要とする質問のことです」

T 「では，『あなたは猫が好きですか？』はどちらになりますか？」

S 「はい・いいえで答えられるから……閉じた質問です」

T 「『あなたは，猫と犬どちらが好きですか？』はどうでしょう？」

S 「犬です。猫ですって，ひとことで答えられるから……閉じた質問かな」

T 「『あなたはなぜ猫が好きなのですか？』は？　猫好きさん，答えてください」

S 「え〜っと……なでるとモフモフして気持ちいいし，目が宝石みたいにキレイだし，ツンデレでマイペースなところもいいし，それから……」

S 「わかった！　ひとことで答えられないから，開いた質問だね」

b：長所・短所の話し合い──（初回のみ）

T 「閉じた質問と開いた質問にはそれぞれよい点（長所）とそうでない点（短所）があります。まずは個人で考えて，ワークシート②に記入してください。時間は2分です」

T 「班内で発表し班としての意見をまとめます。時間は2分です」

※4　ルールが守られていないときにはすかさず介入する。また，主題から逸脱している場合は，やるべきことに戻るよう促す。

●閉じた質問・開いた質問の説明を書いたカードを黒板に貼る。

質問の形式
●閉じた質問
「はい」か「いいえ」または，一つの言葉で答えられる。
●開いた質問
説明を必要とする。

●閉じた質問・開いた質問の詳細は56〜58ページ参照。

★どのように質問すれば何がわかるのか，質問の仕方によって得られる情報が異なることを体験的に学ぶ。

●ワークシート②を使用。

80

第5章　子どもの言葉で問いを創る授業の実際

T　「班ごとに発表します」（全体発表） 　1班「閉じた質問のよい点は，聞くのも答えるのも簡単だということと，よくない点は，答えが決まってきてしまうことです。開いた質問のよい点は，その人の考えがよくわかること。よくない点は，聞くほうが聞き方をうまくしないと知りたいことがわからない，という意見が出ました」 　2班「閉じた質問のよい点は，質問しやすいし早く答えがわかることです。よくない点は，わかることが少ないことです。開いた質問のよい点は，思ってもみなかった答えが聞けることがあること。よくない点は，答えてもらうのに時間がかかる，という意見が多かったです」 T　「みんなの意見を聞いて，新たに気づいたこと，わかったことをワークシートに記入しましょう」 　**c：分類（閉じた質問と開いた質問に分類）** T　「閉じた質問と開いた質問がどのようなものかわかったと思います。ワークシートに貼ってある付箋を，閉じた質問と開いた質問に，班員で相談しながら分類してください。時間は3分です」 　〔閉じた質問の例〕 S　「場所によって濃度が違うの？　は『はい』で答えられる」→「一つの言葉で答えられるから閉じた質問だね」 　〔開いた質問の例〕 S　「『食塩水はどうやってつくるの？』『どうやって日本海と同じ濃度の食塩水をつくればいいの？』は，方法を説明するから開いた質問だね」 　**d：書きかえ練習** T　「分類した閉じた質問・開いた質問の中から，それぞれ一つずつ班で相談して選び，その質問（問い）をワークシート③に記入します。時間は1分です」 S　「閉じた質問は，『場所によって濃度が違うの？』にしよう」 S　「開いた質問は，『濃度って何？』にしよう」 T　「次に，閉じた質問を開いた質問へ，開いた質問を閉じた質問に，個人で書きかえます。時間は4分です」 T　「個人で書きかえたら，班の中で確認し合ってください」 　〔閉じた質問→開いた質問〕 S　「場所によって濃度が違うの？」→「場所によって濃度にはどんな違いがあるの？」 S　「はい・いいえでは答えられないから，書きかえられているね」 　〔開いた質問→閉じた質問〕 S　「濃度って何？」→「濃度とは，濃さのことですか？」 　「でも，濃度って何？　の答えが濃さでいいのであれば，ひとことで言えるから，そもそも閉じた質問なのでは？」 　「でも濃さだけだと正しい濃度の説明にはならないと思うけど」	★長所と短所の話し合いの際，左の子どもの発言例のようなまとまった答えが出てこない場合，質問の違いや両方の使い道について教師が要約してまとめとしてもよい。次回以降は詳しい説明はしないので，初回で定義を理解させることは大切。 ★分類の方法を質問されても，例を示すのではなく，閉じた質問と開いた質問の定義を説明するだけにする。 ●ワークシート③を使用。

81

	T 「う～ん，これはどっちなんだろう？」 「よく考えても分類や書きかえがむずかしい場合はあります。そのときは△印を付け保留にして，ほかの問いを使って書きかえてみましょう」※5	※5 「分類や書きかえがむずかしい」と言って停滞している場合，保留にして先に進むよう促す。

Step 4　問いを絞る

7．とても知りたいと思う問いを三つ選ぶ

| 苗選び | T 「次に，いま話し合いで出た問いの中から，とても知りたいと思う問い（解決したい問い，あるいは気になる問い）を三つ選んでください」
「選ぶときには，その問いが，自分がほんとうに知りたいことを知るための問いになっているか確認しましょう」※6
「最初は個人で選び，次に班で選びます。まず，ワークシート④を用いて，個人で考えてください。時間は１分です」

T 「では，今後は班の中で発表し合って，知りたいと思う問いを三つ選んでください。時間は３分です」
〔班で問いを選ぶ　１班の様子〕
S 「『なぜ海に塩が含まれているの？』は，すごく不思議」
「地球の歴史とも関係がありそう」
「でも，不思議のタネとは離れるんじゃない？」
「そうか。これがわかっても，『日本海と同じ濃度の食塩水をつくる』のには役に立たないかもね」※7
「私は，『海水と同じ濃度の食塩水をつくると何かに使えるの？』が気になる。つくって何かに使えるならそれを知りたいな」
「あとは，『日本海の塩分濃度は何％なの？』は？」
「うん。それと合わせて，『濃度ってどうやって求めるの？』があれば問題は解決するんじゃない？」
「じゃあ，この三つにしよう」
「ちょっと待って。この問いだと日本海限定になるから，ほかの海や濃度もわかる問いにならないかな？」（後略。以下の発表の様子を参照）
〔選んだ問いを発表する　１班の様子〕
T 「それでは，班ごとに発表しましょう」
S 「１班は，最初は，①日本海の塩分濃度は何％なの？ ②濃度ってどうやって求めるの？ ③海水と同じ濃度の食塩水をつくると何かに使えるの？ の三つを選びました。でも，日本海だけではなく世界中の海や，ほかの濃度など，もっと広い範囲で応用が効くように，最初の二つはやめて，『どうすれば同じ濃度だとわかるのだろう？』にさしかえました。あと，『海水と同じ濃度の食塩水をつくると何かに使えるの？』は，はい・いいえで終わってしまう質問で，具体的に何に使えるか知りたいので『何に使えるの？』 | ●問いを選ぶ（絞る）意義等は58～61ページ参照。
※6 この問いかけは，知りたいことは何なのかを自分自身に問いかける，メタ認知を促進するプロセス（60ページ参照）。
●ワークシート④を使用。

★班で大切だと思う問いを三つ選ぶ際は，他者の価値観を知り，合意形成することになるが，合意形成を最終目的にするのではなく，自分の「ほんとうに知りたいこと」を追究したいという知的好奇心の高まりを尊重する。
※7 ここで選ばれなかったとしても，個人にとっては大切な問い。 |

	に修正しました。残りの一つは，『なぜ海に塩が含まれているの？』を追加しました。塩が含まれている理由と濃度には何か関係があるかもしれないし，地球の歴史と関係がありそうでロマンがあるからです」	★対話的な深い学びにより，一度選んだ問いを選び直したり，つくりかえたりすることがある（60ページ参照）。
開花	**Step 5　問いを使う** **8．創った問いをどのように活用するか（何を学べるか）を考える** T 「創った問いを使ってどのようなことが学べるか，どんな使い方ができるかを考えます。ワークシート⑤を用いて個人で考えます。時間は2分です」 ・何が学べるかの例：「『どうすれば同じ濃度だとわかるのだろう？』を使えば，世界中の海の濃度の違いが学べる」 ・どんな使い方ができるかの例：「『どうすれば同じ濃度だとわかるのだろう？』は，含まれている塩の濃さがわかるってことだよね。含まれる砂糖の量とかもわかる？」→「空気中の酸素の量も同じやり方でわかるのかな？」 T 「次に，班の中で発表し班としての意見をまとめます。時間は3分です」 S 「いろんな物に含まれている何かの量が学べるといいね」 「これは料理に使えるよ。塩の量とか」 「これを使えば清涼飲料水の砂糖の量とかがわかるんじゃない？」 「砂糖の量はダイエットに使えない？」→「いいね！」	●問いの活用の意義は，61ページ参照。 ●ワークシート⑤を使用。 ●絞った問いと，学級として決めた問いの活用方法を用いて，次の学習に向けて準備する。 ●全体で決めるか，班内で決めるにとどめるかは適宜決める。ここでは班の意見までとする。
 実り→新しい種	**Step 6　まとめ（ふりかえり）** **9．ふりかえりを行う** T 「問いを創る授業のふりかえりをワークシート⑥に書きましょう」 　①　この授業を通して感じたことの例 　・こんなに考えたのは初めて。脳みそが疲れた。 　・自分の考えたことをみんなが真剣に聴いてくれたのでうれしかった。 　②　問いを創る授業を通して学んだことの例 　・問い創りはむずかしいけれど，みんなのアイデアが聞けて，そこからいろいろ学んだ。 　・疑問をもつといろいろ勉強できることがわかった。 　③　学んだことを今後どのように活用するかの例 　・質問の仕方で答えが変わるなんて考えたことがなかった。これからは自分が何を知りたいのかそれにはどんな聞き方をすればいいのか，考えて発言したい。 T 「今日は『問いを創る授業』を行いました。今後も問い創りを取り入れた授業をたびたび行っていきたいと思います」	●ふりかえりの意義は61ページ参照。 ●ワークシート⑥を使用。

「初回授業（基本形）」ワークシートの説明

　85〜90ページは，初回授業（基本形）で使用するワークシートです。

　「班用」は各班に1枚ずつ，他5枚は個々の子どもたちに1枚ずつ，授業の初めに付箋とともに配ることを想定していますが，子どもたちの学年やクラスの実態に応じてアレンジしてご活用ください。

ワークシート名	掲載ページ	用途と使い方
問いを貼る （班に1枚）	85ページ	付箋を貼る台紙です。考えた問いを出し合い，出た問いを整理する際に使用します。机の上に置いて，班の作業用に使うので，大きめに印刷します（ミニホワイトボードなどを利用してもいいでしょう）。
①：ルールについて考える （1人1枚）	86ページ	ルールについて考える際に用います。 ※注　話し合いのテーマは，三つの中から一つを選択します。掲載したワークシートには三つとも記入されているので，その都度指示をするか，事前に丸を付けておくか，紛らわしいようであれば，一つに限定して打ち直してください。 ●ルールが「問いを創る授業」にどのように役立つか考える。 ●ルールを守ることはどれだけむずかしいか考える。 ●守ることが一番むずかしいのはどのルールか考える。
②：長所・短所 （1人1枚）	87ページ	閉じた質問・開いた質問の長所・短所を考える際に使用します。
③：質問の書きかえ （1人1枚）	88ページ	閉じた質問・開いた質問を班で一つずつ選び，閉じた質問は開いた質問へ，開いた質問は閉じた質問へ書きかえる練習を行います。
④：問いを選ぶ （1人1枚）	89ページ	「とても知りたいと思う問いを三つ」記入する際に使用します。
⑤：活用法 ⑥：ふりかえり （1人1枚）	90ページ	⑤には，絞った問いの活用法を記入します。 ⑥には，問いを創る授業の感想，ふりかえりを記入します。

第 5 章　子どもの言葉で問いを創る授業の実際

【ワークシート（班用）：問いを貼る】

フセンに書いたみんなの問いを貼ろう

不思議のタネ

ここにフセンを貼りましょう

【ワークシート①：ルールについて考える】

問いを創る授業の
ルールについて考える

◆考えること◆※注：事前に教師が以下の三つの中から一つ選択する。

●ルールが「問いを創る授業」にどのように役立つか考える。

●ルールを守ることがどれだけむずかしいか考える。

●守ることが一番むずかしいのはどのルールか考える。

◆進め方◆

1．個人で考える。

2．班内で話し合い，班として意見をまとめる。

	自分で考えた理由	班で考えた理由	わかったこと
①できるだけたくさんの問いを創る			
②問いについて，話し合ったり，評価したり，答えたりしない			
③人の発表は最後まで真剣に聴く			
④意見や主張は疑問文に書き直す			

第5章　子どもの言葉で問いを創る授業の実際

【ワークシート②：長所・短所】

閉じた質問・開いた質問の長所・短所は？

◆考えること◆

閉じた質問・開いた質問の長所と短所について考える。

◆進め方◆

1．個人で考える。

2．班内で話し合い，班としての意見をまとめる。

3．全体で発表し，発表を聞きながら，新しく気づいたことやわかったことを記入する。

		閉じた質問	開いた質問
自分の考え	長所		
	短所		
班の考え	長所		
	短所		
新たにわかったこと	長所		
	短所		

87

【ワークシート③：質問の書きかえ】

閉じた質問・開いた質問の書きかえ練習

◆考えること◆

閉じた質問を開いた質問に，開いた質問を閉じた質問に，それぞれ書きかえる。

◆進め方◆

１．閉じた質問・開いた質問を班で一つずつ選ぶ。

２．個人で考える。

３．班内で話し合い，確認する。

①　閉じた質問から開いた質問に書きかえる

閉じた質問

開いた質問

②　開いた質問から閉じた質問に書きかえる

開いた質問

閉じた質問

第 5 章　子どもの言葉で問いを創る授業の実際

【ワークシート④：問いを選ぶ】

とても知りたいと思う問いを三つ選ぶ

◆考えること◆

とても知りたいと思う問い（解決したい問い，あるいは気になる問い）を三つ選ぶ。

◆進め方◆

1．個人で考える。

2．班内で話し合い，班としての意見をまとめる。

3．全体で発表する。

個人	●　 ●　 ●
班	●　 ●　 ●

〔メモ欄〕自分で考えたこと，班の話し合いで気がついたことなどを記入しましょう。

89

【ワークシート⑤：活用法】

問いの活用法を考える

最後に絞った三つの問いを使うと，どんなことが学べるでしょう。
あるいはどんなことに活用できるでしょう。

自分の考え	班の考え

【ワークシート⑥：ふりかえり】

今日の授業をふりかえる

① この授業を通して感じたことを書きましょう。

② 問いを創る授業を通して，あなたは何を学びましたか？

③ 今日学んだことを，今後どのように活用しますか？

第5章　子どもの言葉で問いを創る授業の実際

3 「子どもの言葉で問いを創る授業」2回目以降のやり方

2回目以降の授業の基本形

　2回目以降の授業の手順は，初回の基本形（50ページ）から，「ルールの意義を確認する（話し合い）」と，「閉じた質問・開いた質問について学ぶ」の定義紹介と長所・短所の話し合いを省略したものです。ここで，簡単におさらいします。

「子どもの言葉で問いを創る授業」　2回目以降の基本形

事前準備（教師）：ア）不思議のタネを創っておく。　イ）付箋・ワークシートの準備。
　　　　　　　　　ウ）授業の初めに班分け：4人（以内），進行係を決める。

Step 1　導入・ルール確認
① 導入──授業の概要を説明する。
② 「子どもの言葉で問いを創る授業」のルールを示す。

Step 2　不思議のタネの提示
③ 子どもたちに不思議のタネを提示する。

Step 3　問いを創る
④ 不思議のタネをもとに，問い創りを行う（個人→班）。
⑤ 閉じた質問・開いた質問について学ぶ（分類，書きかえ練習）※適宜

Step 4　問いを絞る
⑥ とても知りたいと思う問いを選ぶ（三つ程度）。

Step 5　問いを使う（授業の展開にあたる）
⑦ 2回目以降（実際の授業）では，本時の授業展開は教師が構成する。

Step 6　まとめ（ふりかえり）
⑧ 授業のまとめおよびふりかえりを行う。

Step 1　導入・ルール確認

　導入で，授業の概要を説明したあと，授業の4つのルール（本書51ページ参照）を示します。子どもたちが安心して問いを創るための重要なルールです。毎回必ず行いましょう。

　また，初回で行う「ルールの意義を確認する（話し合い）」は，一応「初回のみ」としていますが，2回目以降も行えば，ルールの重要性への認識が高まります。また，回

91

を重ねるうちにルールの意識が薄くなった場合には，ルールの話し合いを行い，再度，重要性を確認しましょう。

Step 2　不思議のタネの提示

授業者は，その授業で子どもたちに何を学んでもらいたいのかを考えて，事前に不思議のタネを用意しておきます。不思議のタネは，文章，写真，イラスト，グラフ，表，実物など基本的に何でも構いません（第4章参照）。

Step 3　問いを創る

不思議のタネをもとに，問い創りを行います。問いを創る時間は，慣れないうちは少し長めに設定します（5分程度）。慣れてきたら集中力が切れないよう短めに設定しましょう（2分程度）。問い創りは，まず個人で行い，次に班で発表し合います。他者の対話を通して，自己内対話が促進されるプロセスです。

「閉じた質問・開いた質問について学ぶ（分類，書きかえ練習）」については，2回目以降は適宜行いましょう。分類の練習，閉じた質問・開いた質問の書きかえ練習を繰り返し行うことで，質問の仕方が徐々に身についていきます。

Step 4　問いを絞る

創った問いの中から自分たちが，とても知りたい（解決したい，あるいは気になる）問いを選びます。選ぶ数は三つ程度。その都度決めてください。最初に個人で考えて選び，次に班の中で発表し，班としての意見をまとめて絞ります。

問いを選ぶ前に，「自分の知りたいことがわかってスッキリするための問いを選びましょう」と教師が問いかけ，班で確認し合います。メタ認知を促進するプロセスです。

Step 5　問いを使う

問いを創る授業の初回では，創った問いをどのように活用するか，あるいは何を学べるかを考えますが，2回目以降の実際の授業では，この「問いを使う」行程は教師が構成し，授業を展開することになります。

Step 6　まとめ（ふりかえり）

問いを創る授業のふりかえりを行います。授業を通して自分がどのように変わったか，友達の意見を聞いてどのように感じたかなどをワークシートに記入します。自分の学びや自分自身の変化をメタ認知するステップです。毎回，必ず行いましょう。

Column 5-1

いつもの授業に問い創りのエッセンスをプラス！

　初回授業（基本形）で，本授業の意義や進め方を子どもたちがしっかり確認でき，前述の２回目以降の基本形もつかんだら，それ以降は，いろいろな展開が可能になります。これまでの授業にほんの少し，問いを創る授業のおいしいところを取り入れることで，子どもたちを自然に主体的・対話的で深い学びの世界へ導いていくことができます。

　ここでは一例として，１コマの授業の初めに問い創りを行い，その行為自体がそのまま子どもたちへの動機づけとしてその授業を展開する方法を紹介します。授業の導入部で，動機づけとして５分間の問い創りを行い，授業のまとめとして５分間ふりかえる作業を行う流れです。右記の①〜③の流れは前術のStep１〜３にそいます。④で問いを紹介しあいます。ここでは，閉じた質問・開いた質問については省略します。以下，⑤以降のポイントを説明します。

【導入（５分）】動機づけ：問い創りを行う
① 導入・ルール確認
② 不思議のタネを示す
③ 問いを創る（１〜２分）
④ 問いを班で紹介しあう（２〜３分）
⑤ 創った問いを机の中にしまう
【展開（30〜35分）】本時の授業を行う
⑥ いつものように授業を行う
【まとめ（５分）】授業のまとめ・ふりかえり
⑦ 自分の問いが解決したか，ふりかえる

　⑤ **創った問いを机の中にしまう** ——人は自ら得たいと思ったものしか得られません。この段階で，子どもの知りたい欲求（モチベーション）を引き出し，授業への参加意欲を高めます。

　⑥ **いつものように授業を行う** ——通常の授業をいつものように展開します。いままでと違うのは，子どもたちのモチベーション「自らの問いを抱いて教室にいる」ことです。知りたい欲求が強ければ強いほど，わかったときはスッキリし，わからないままだとモヤモヤするものです。本時の授業の中で，このスッキリとモヤモヤを体験することで，内的アクティブ（表面的には見えない内面の活動）である自己内対話（ああかな？　もしかしたらこうかもしれないといった自分の中での対話）が促進されます。知りたい欲求から，外的アクティブ（２人組やグループでの活動）も主体的にかかわるようになるので，いままで以上に活性化されるでしょう。

　⑦ **自分の問いが解決したか，ふりかえる** ——机の中からワークシートを出し，解決した自らの問いをチェックします（左の□に✓の印を入れる）。次に，〔スッキリ〕欄に，どのように解決したのか，理解できた内容を具体的に書き込みます。〔モヤモヤ〕欄には，いまの段階で感じているモヤモヤや，新たにわきあがってきた問いを書き込みます。後日，自ら調べるなどしてモヤモヤが解決したら，それをスッキリ欄に記入するよう促します。

Column 5-2

問い創りのエッセンスをプラスした実践例
不思議のタネ：「雲は落ちてこない」 中学校／理科

授業の流れ（T教師／S生徒）	備考（補足と解説）
1．導入：問い創り（動機づけ） T 「まず，問いを創る授業のルールの確認をします（略）。今日の不思議のタネは『雲は落ちてこない』です。では，いつものようにたくさんの問いを創りましょう。時間は2分です」 S 「雲は何からできているの？」「低い場所と高い場所の雲は何が違うの？」「落ちてこないように見えているだけでは？」など。 T 「どのような問いが創られたか班で紹介しましょう。時間は3分です」 T 「では，ワークシートをいったん机の中にしまってください」	●不思議のタネを提示する。（富士山の笠雲の写真。雲の底面は地上から同じ高さに揃っている）  ●問いの書き方について例は示さない。 ●他者との対話で自己内対話が活性化される。
2．展開：「雲のでき方」の授業を行う T 「今日は，この丸底フラスコの中で雲をつくる実験を行います」 （実験：気圧を下げる→空気が膨張する→気温が下がる→露点に達する→水蒸気が水滴になる→丸底フラスコ内が白くくもる） T 「それでは，上昇気流のでき方について考えてみましょう」 S 「空気が山の斜面にぶつかることで上昇する」「太陽の光で地面があたためられ，その地面にあたためられた空気が上昇する」「あたたかい空気が冷たい空気の上にはい上がる」など。 T 「最後に，富士山の笠雲の様子を見てみましょう」 S （ビデオで，雲が風上でできる場面と風下で消滅する場面を確認）	実験：実際に丸底フラスコの中に雲をつくる。 ●仮説を立てて実験し，結果をもとに考察する。 ●富士山の笠雲のビデオを見る。 ●風上と風下の雲の状態に注目させる。
3．まとめ：ワークシートに記入する T 「では，机の中からワークシートを出してください。授業の初めに創った問いの中から今日の授業を通してスッキリした項目をチェックしましょう。どのようにスッキリしたか，また，新たなモヤモヤが生まれてきたらそれも記入します。時間は3分です」 T 「班で今日の授業を通してわかったこと，新たにわいてきた問いについて，わかち合いましょう。時間は2分です」	●教科書に書かれている答えを伝え合うのではなく，子どもたちが自分の言葉で，説明できるように促す。

ワクワクワークシート

年　　組　名前　_____

不思議のタネ

☐ _____
☐ _____
☐ _____
☐ _____
☐ _____
☐ _____
☐ _____
☐ _____
☐ _____
☐ _____
☐ _____
☐

月／日	スッキリ	モヤモヤ
／		
／		
／		

次の第6章は，子どもの言葉で問いを創る授業を学校で実施してくださっている，現場の先生方の実践事例（指導案）です。

　執筆者の多くは，TILA教育研究所主催の講演会や研修会（167ページ参照）に参加され，子どもの言葉で問いを創ることの意義とその方法に，共感してくださった先生方です。講演会・講習会のあと，先生方は早速，学校で本授業を行ってくださいました。私たち（鹿嶋・石黒）が，その指導案や実際の授業風景を目の当たりにしたとき，これからの授業を変えるのは，これだ！ と確信しました。先生方は，問い創りを授業の中に自然と溶け込ませ，主体的・対話的で深い学びへと導いていらしたのです。読者の先生方も，本事例を参考にされ，学級で，学校で，本授業を実践してください。そして，「こんな実践を行いました」と，私たちに教えていただけますと，こんな喜びはありません。

　読者の先生方も，私たちとともに，どうぞ，子どもの言葉で問いを創る授業を育ててください。

　　　　　　　　　　　　　　　　　　　　　　　　　　　　　　　　　

留意事項

　第6章の実践事例は「2回目以降のやり方」（91ページ参照）におおむねそった流れになっています。紙面の都合上，省略している部分もありますので，ここで，ポイントを押さえておきます。

●導入の「ルール確認」は，本授業を実施するうえで大変重要です。ルールに関する話し合いは初回のみでも結構ですが，ルールの確認は毎回，必ず行ってください。

●「問いを使う」について，問いを創る授業の初回では「創った問いをどのように活用するか（何を学べるか）を考える」行程（53ページ参照）になりますが，2回目以降は，本時の授業展開を教師が構成することになります。授業の目標や子どもに育てたい力等を鑑み，構成してください。

●事例では，閉じた質問・開いた質問の分類，書きかえ練習にはあまりふれられていませんが，適宜行ってください。

●事例ではあまりふれられていませんが，問いを選ぶ際は「自分の知りたいことがわかる問いになっているか」を子どもたちと確認しながら進めましょう。

第6章

子どもの言葉で問いを創る授業

実践事例集

これからの授業はこう変わる！
①「子どもの言葉で問いを創る

　中内佐穂先生（高知市立城西中学校教諭）は，英語の長文読解を苦手とする子どもが多いなか，「英文を読みたい」という意欲につなげるためにどうしたらいいか考えました。そこで，インパクトの強い写真，「ハゲワシと少女」を不思議のタネに選び，問いを創る授業を実施しました。その実践の様子をみてみましょう。

授業の実際

　本単元は，アフリカ大陸の北東部に位置する国，スーダンにおける内戦，貧困，飢餓の状況を世界に知らしめた1枚の写真「ハゲワシと少女」について書かれた内容です。

　本文は三つのパートに分かれています。パート1では写真が撮影された国スーダンの状況が，パート2ではこの写真が撮影されたときの状況が，そしてパート3では，この写真を撮影した写真家ケビン・カーター氏をめぐる2人の生徒の議論について書かれています。

　英語教材であり，答えなき問いを問い続ける道徳教材でもある本教材を使用することで，長文読解が苦手な子どもでも，「英文を読んでみたい」という意欲がもてるようにしたいと考えました。

　まず，不思議のタネとして，「ハゲワシと少女」の写真を提示しました。やせ細った少女が土の上にうずくまり，そのそばには，まるで少女が亡くなるのを待つかのように佇むハゲワシの姿があります。このセンセーショナルな写真を見た子どもたちからは，問いがたくさん出されました。

　その後，英文を配布し，班で協力し合いながら，自分たちの問いの答えを探すという流れで授業を展開しました。

授業の流れ

1　導入＆不思議のタネの提示

　授業の目標「自分の知りたいことを，長文を読むことで理解する」を伝え，問いを創る授業の説明を行う。その後，不思議のタネ「ハゲワシと少女」の写真を提示する。

2　問いを創る

　不思議のタネを見て考えた問いを，個人で付箋に記入する（1人3枚は必ず記入）。その後，班でホワイトボードに貼り，問いを共有する。

第6章 子どもの言葉で問いを創る授業 実践事例集

主体的・対話的で深い学びの実践
授業」の実際 —— 不思議のタネ 「ハゲワシと少女」

〔子どもが考えた問いの例〕
- □場所はどこ？
- □なぜ少女はこんなにやせているの？
- □何をしているの？
- □どんな状況？
- □この鳥の種類は？
- □なぜうずくまっているの？
- □だれがこの写真を撮ったの？
- □なぜこの場面を撮ろうと思ったの？
- □周りに人はいないの？
- □あの子どもは生きているの？
- □鳥は何を見ているの？
- □この先どうなるの？

ふりかえり用紙より

Q「日ごろの授業では先生から質問されて長文を読むが，今日はみんなが問いを創った。どちらが英文を読もうとする気持ちが高まるか？」

A「自分で考えて，グループで考えて答えを見つけるほうが楽しかった（5人）」「グループでやることによって，答えが導き出しやすかった」

Q「写真を提示⇒中内先生は何も言わない⇒英文が配られ情報が入ってきたときの気持ちは？」

A「写真を見たとき，どうして子どもが倒れているかなど，興味がわいてきた。英文の内容はむずかしかったが，みんなで協力して内容をつかむことができた」「英文を見たときに，自分から答えを探そうとした」「やっと答えを知ることができると思い，うれしかった」

Q「今後どのような力をつけていったら，より楽しく英文を読み取れると思うか？」

A「単語を学ぶこと。単語を知らないと文章が読めない」「グループでの教え合いは大事」「まず，やる気。単語を覚えること」

3　問いを活用する（個人・班）
英文から問いの答えを探す。わからない単語は辞書をひく，班で助け合うほか，音声や写真を活用して内容理解を深める。さらに，班で同じ方向から読み，協力しながら，付箋の問いに対する答えが書かれている部分に色ペンで線を引く。

4　まとめ
英文の内容を理解しているか，Q＆A式の応答で確認する。その後，「写真家はなぜ，この写真を撮ろうと思ったのか？」という問いにふれ，「答えなき問い」についての話をする。
最後に，ふりかえりをワークシートに記入する。

子どもの言葉で問いを創る授業
不思議のタネ **「ハゲワシと少女」の展開例**

○中学校3年生／英語科／単元：A Vulture and a Child 『New Crown 3 』（三省堂）

○**単元目標**：(1)　長文のあらすじや大事な部分を読み取る。

　　　　　　(2)　繰り返して読んだり，単語の意味を確認したりしながら読み続けようとする。

　　　　　　(3)　長文に使われている語句や文法の意味・用法を理解する。

○**授業のめあて**：「むずかしそう」「長い」と感じる英文に対しては，読んでみようとする意欲が低くなってしまうことがある。そこで，不思議のタネとして「ハゲワシと少女」の写真を見せて，そこから生まれる疑問を付箋に書き，与えられた質問ではなく自ら作成した問いに答えることで，「英文を読んでみたい」という意欲につなげたい。

	授業の流れ（T教師／S生徒）	備考（補足と解説）
耕し	**1．導入** T　「今日の授業の目標は，『自分の知りたいことを，長文を読むことで理解する』です。目標を達成するために，問いを創る授業を行いましょう。不思議のタネから，疑問に思ったことを問いにします。まず，問い創りでは，大切になるルールが四つあります。（略)」	●準備物：不思議のタネの写真，辞書（班に1冊），ワークシート，付箋，英文資料，ヒントシート，ホワイトボード。 ●本時ゴールの確認。 ●ルールについては54ページ参照。
種まき	**2．不思議のタネを提示する** T　「不思議のタネはこれです」	●「ハゲワシと少女」の写真を黒板に貼る。
発芽	**3．問いを創る** T　「まず一人一人が，不思議のタネを見て思いついたことを問いにして，付箋1枚に一つずつ記入します。時間は5分です。1人3枚は必ず記入しましょう」 S　（個人での問い創り） T　「次は班になり，創った問いを声に出して発表し合い，机中央の班用ワークシートに付箋を貼っていきます。同じ内容の問いはまとめて貼り，ナンバリングします」 S　（グループでの問い創り） S　「場所はどこ？」→「なぜ，少女はこんなにやせているの？」→「この鳥の種類は？」→「この先どうなるの？」→「なぜ，この場面を撮ろうと思ったの？」など。	●付箋にペンで記入する。 ●班用ワークシート（英文が拡大された用紙）を配布する。 ●グループで問いを共有する。同じ内容の問いはまとめて貼り，分類しながら進める。

100

第6章　子どもの言葉で問いを創る授業　実践事例集

開花	**4．問いを使う** T　「問いの答えを配布資料（英文）から探しましょう。まず自分で読みます。新出語句はヒントシートを参考にして，それ以外の意味のわからない言葉は，辞書を使って調べるか，班の友達に聞きましょう。音声や写真を利用するなどして，内容の理解も深めましょう」 S　（おもに個人での読み取り） ・自分で読む／New Words 確認／CD を聞いたり，写真を見るなどして理解の助けにする。 T　「次に，どんなことが書かれているか班で共有します。班で同じ方向から読み，協力しながら付箋の問いに対する答えが書かれている部分に色ペンで線を引きます。自分が出した問いの答えは自分で線を引きましょう。付箋の問い以外に読み取れたことも書きましょう」 S　（班での共有，読み取り，問いの答えを導く等）	●資料 "A Vulture and a Child" の用紙を配布（読みやすいよう，パートごとに分ける）。 ●読み取りの手だてとしてヒントシート（新出語句の意味を記載）を配布。 ●「問いの答えを探す」ことを意識づける。 ●わからないところは班員に聞き，困っている班員を助けるよう促す。 ●自分が出した問いの答えに自分で線を引く→自我関与意識を高める。
実り→新しい種	**5．まとめ（ふりかえり）** T　「では，私が質問をするので答えてください」 　　（内容理解ができているか，Q＆A式の応答で確認する） T　「みんなからたくさん問いが出て，その問いを解決しようと，個人で調べたり班で協力したりして，長文を読み解きましたね。また，『写真家は，なぜ，この写真を撮ろうと思ったのか』という答えがない問いについてもみんなで考えました。最後にふりかえりを行います。授業の感想と，どんな力があればもっと読み取りができたと思うか，また，何があればもっと深く読み取れたと思うか，各自，ワークシートに記入しましょう」	●教師が用意した質問が書かれたワークシートを仕上げる。 ●これからの長文読み取りの意欲づけとする。

編者のコメント

　英語が得意不得意にかかわらず，すべての生徒のやる気に火をつけることのできる不思議のタネがあることを実感できる授業です。通常の授業では，英文が配られた時点でワクワクする生徒と「むずかしくて無理」とあきらめてしまう生徒がいます。わからない単語に焦点をあてるのではなく，まず自分の知っている単語に線を引くことで，あとどの単語がわかれば読み解けるか，自然とメタ認知でき，わからない単語を調べる作業へつなげることができるでしょう。

〔鹿嶋〕

101

「問いを創る授業」成功の秘訣！
「ハゲワシと少女」の実践事例にみる

　ここでは，前出の「ハゲワシと少女」の教材を活用した英語科の授業から，「問い創り」をいかに授業に活用し，授業を成功に導くか，その秘訣をみていきましょう。

 不思議のタネで子どもの心をガシッとつかむ！

　いかに子どもの心をつかみ，目標達成のための不思議のタネを創れるか。これが教師の腕の見せどころであり，問いを創る授業成功の秘訣でもあります。

　本授業では，子どもたちの多くが苦手とする長文読解に問い創りを取り入れることで，子どもたちの心をつかみ，意欲を高めることに成功しています。

　「問いを創る授業をやりたいけれど，英語科では不思議のタネを創るのがむずかしくて」というお話を先生方からよく聞きます。しかし，言葉（英語）そのものを不思議のタネにする必要がないことを，この実践が教えてくれます。

　今回のような写真のほか，イラスト，実物などを提示し，「え？　どういうこと？」「知りたい！」と子どもたちの心をつかむのも一つの方法です。自分が創った問いは自我関与の産物。この問いの答えを見つけようと，子どもたちの意欲はおのずと高まるのです。

 「何がわかっていて何がわからないか」メタ認知を促進！

　自分が創った問いの答えを英文から見つける作業では，単語の意味がわからないと内容はわかりません。新単語は配布されたヒントシート（新出語句の意味を記載）で意味を知ることができるので，シートに記載のない単語で自分がわからない単語は，「習ったけれど自分が覚えていない単語」であることを子どもたちは認識します。知りたい欲求に火がついた子どもたちは，それを知るにはどうしたらいいか考え，辞書をひき，友達に聞き，単語の意味を知ろうとするでしょう。そうして知ることができた単語は，記憶にとどまり，「自分の言葉」になるはずです。

　このように問いを創る授業では，自分は何がわかっていて何がわかっていないのか，メタ認知を促進するしかけができることを意識して授業を構成しましょう。

第6章 子どもの言葉で問いを創る授業 実践事例集

3 「答えなき問いを問い続ける力」を養う！

　本授業は，自分で問いを創り，他者と共有し合い，課題に向き合います。この自分に問い，他者に問い，課題に問うという「三つの問い」を意識して構成すると，問い創りの授業はより効果を発揮します。

　また，本教材は，英語教材でありながら，「答えなき問い」を問う，道徳教材でもあります。今回，不思議のタネとして使用した「ハゲワシと少女」の写真は，南アフリカの報道写真家，ケビン・カーターが撮影したもので，彼はこの写真でピューリッツァー賞を受賞しています。しかし，「なぜ少女を助けなかったのか」と世間から非難をあび，「報道か人命か」という論争がわき起こりました。ケビン・カーターは，授賞式から１カ月後，自死しています。

　戦場の前線で，貧困飢餓の国で，ジレンマと戦いながらカメラのシャッターを切る人がいることを，子どもたちは知ることになりました。問いを創る授業は，答えなき問いを子どもたちに突きつける絶好の機会になるのです。

4 グループの力を活用する！

　この学級は，グループで行う活動に前向きで，また女子が男子の活動をよくサポートできるということでした。今回も学級の特徴を生かし，班活動でのかかわりをもたせながら，問いに対する答えを英文の中から見つけさせるようにしました。

　その結果，英語が苦手な子どもも，班の友達に聞きながら，英文の中から自分の考えた問いを見つけて色ペンで線を引くことができたようです。さらに，ふりかえりでは，英語の苦手な子どもが，初めて英文で感想を書く姿もみられました。それは，「Poor」など簡単な単語を並べたものでしたが，学習意欲の高まりがみられたことは大きな成果といえるでしょう。

　グループの力を効果的に活用することも，問いを創る授業成功のポイントです。

小学校1年生／国語科／単元：どうぶつの赤ちゃん

不思議のタネ

② 「どうぶつの赤ちゃん」

梅原幸子（元小学校教諭・NPO法人レクタス 児童発達管理官）

　1年生は動物が大好きです。しかも「赤ちゃん」となると，子どもたちの気持ちははやります。「どうぶつの赤ちゃん」（増井光子作，光村図書1下）──1年生の子どもたちが見ただけで興味をひかれるこの題名をそのまま不思議のタネにしました。「どんな動物の赤ちゃんなの？」「赤ちゃんはどうやって大きくなるの？」と子どもたちの中からわき上がる問いは，学習意欲へとつながっていきました。

■この学習で獲得させたいもの

知識・技能……ライオン，シマウマの赤ちゃんの生まれたばかりの様子や赤ちゃんがどのようにして大きくなっていくのか，その成長や変化について知る。

思考力・判断力・表現力……説明文指導をきっかけにいろいろな分野に興味をもち，本に親しむ。ライオンやシマウマだけでなく，生き物すべてが生まれて育つことに目を向ける。自然界への興味・関心を高め，不思議だと思うことに対して，自ら調べて学習を深めることへとつなげていく。

〔子どもが考えた問いの例〕　※下線は三つに絞られた「知りたい問い」

□どんな動物かな？（動物ってたくさんいるよ）

□動物の赤ちゃんはどうやって生まれるの？

□動物の赤ちゃんの生まれる様子かな？

□<u>いろいろな動物の赤ちゃんの動く様子とか，何を食べるとかかな？</u>

□犬やネコとか，ペットの赤ちゃんの飼い方かな？

□ライオンやゾウの赤ちゃんを比べるの？

□<u>動物の赤ちゃんの，どっちが強いとか弱いとか？</u>

□大きい動物の赤ちゃんと小さい動物の赤ちゃんの様子かな？

□<u>動物の赤ちゃんはどうやって大きくなるの？</u>

□肉食動物の赤ちゃんと草食動物の赤ちゃんのこと？

104

第6章　子どもの言葉で問いを創る授業　実践事例集

■授業の実際

（1）　題名そのものを不思議のタネに

　単元の計画は，第1時の最初は「題名読み」をします。説明文では題名を見ただけで，内容のあらましを予想し，問題とするところの観点とその解明は……というように，読み進めるための手だてを子どもが予想できるものが多くあります。この予想についての読み手の経験や知識は，教材を読み進めていくときに大きな役割を果たします。積極的な読みの姿勢をつくり出すということでしょうか。

　そこで，今回はこの題名を「不思議のタネ」にしました。

　1年生の子どもたちは動物が大好きです。ましてや「どうぶつの赤ちゃん」です。既習の学習も思い起こしながら，子どもたちは不思議のタネについて自分の考えを出します。また，1年生の子どもたちには，乳幼児から幼稚園・保育園に通う年齢の弟や妹がいる場合が多く，教師の働きかけがなくても，無意識のうちに題名とからめて身近にいる弟や妹のことを思い描いているようでした。

　すでに教科書を読んでいる子どももいます。しかし，周囲の子どもの発言を聞きながら，自分の思いを出していました。

（2）　子どもたちの問いが教科書での問題提示とつながり，意欲が高まる

　子どもたちが考えた問いは，教科書の問題提示と重なることが多いものです。例えば，「いろいろな動物の赤ちゃんの動く様子とか，何を食べるかとかかな？」「動物の赤ちゃんの，どっちが強いとか弱いとか？」については，教科書一段落目の問題提示①「生まれたばかりのときは，どんなようすをしているのでしょう」につながります。

　また，「動物の赤ちゃんは，どうやって大きくなるの？」という問いは，一段落目の②「どのようにして，大きくなっていくのでしょう」という問題提示につながります。

　このように自分たちが題名から予想したことが，教科書での問題提示になっていることを知ると，子どもたちは俄然やる気が出てきます。このように，意欲が出てきたところで本文に入ります。

（3）　以降の授業も問いをもって読み進める

　本文の読みも，子どもたちは問いをもって読み進めます。今回の説明文ではおもに，以下の三つの言葉に注目して読み進めました。

①　「不思議だな。どうして？」

②　「そんなことあるの？」「知らなかったよ（初めて知った）」

③　「それ知ってる。もっと知りたいな」

　自分の知識や経験をもとに書かれてあることを具体化し，理由を考えて読むことを大事にします。当然ですが，このような授業を組むと，自ずと子ども同士の対話で授業が進みます。もちろん，そのときに答えの出ないことは1年生なりに調べます。疑問の解明の手だてとして「調べること」があることを認識するのです。

105

■授業展開例

・導入：問い創りの授業について説明し期待をもたせる。ルールの確認を行う。

・不思議のタネ「どうぶつの赤ちゃん」を子どもたちに提示する。

・問いを考え，発表する。

・考えた問いを絞り込む。

・選んだ問いが，教科書の問題提示になっていることを伝え，意欲を高める。

・本文の学習を行う。

・次時も問いをもって読み進めることを伝える。

	授業の流れ（T教師／S児童）	備考（補足と解説）
耕し	**1．導入** T 「いつもは私がみんなに『これは何ですか?』などと質問していますが，今日は反対にみんなが問いを創る問い創りの授業を行います。私がこれから黒板に貼る不思議のタネを見て，「不思議だな。どうして?」「そんなことあるの?」「それ知ってる。もっと知りたいな」など，思ったことを問いにして，ドンドン発表してもらいます。問いというのは，「〜かな?」とか「〜のこと?」など，最後にハテナマークがつく文章の形ですよ。問い創りには四つのルールがあります（中略）。これを守ってワクワク楽しみながら行いましょうね。」	●ルールについては54ページ参照。低学年向けに，わかりやすい言葉で説明する。
種まき	**2．不思議のタネを提示する** T 「不思議のタネはこれです。みんなで読みましょう」 S 「どうぶつの赤ちゃん」 S 「え〜⁉ どんな動物の赤ちゃんのことかな?」 T 「そんなふうに，頭に浮かんだことを発表しましょう」	●黒板に不思議のタネを貼り出す。
発芽	**3．問いを創る** T 「不思議のタネを見て，どんな問いが思い浮かぶかな? 少しの間，考えてみましょう……では，手を上げて一人ずつ発表してください」 S 「どんな動物かな?」→「大きい動物と小さい動物の赤ちゃんの様子かな?」→「動物の赤ちゃんの，どっちが強いとか弱いとか?」→「動物の赤ちゃんはどうやって大きくなるの?」→「いろいろな動物の赤ちゃんの動く様子とか，何を食べるとかかな?」など。	●子どもたちから出た問いを系統立てて板書する。

第6章　子どもの言葉で問いを創る授業　実践事例集

苗選び	4．問いを絞る T　「では，発表してもらった問いの中から，これがいちばん気になると思う問いをみなさん一つずつ選んで手をあげてください。学級で三つに絞ります」 S　（問いを選ぶ） T　「はい，この三つに決まりました。『いろいろな動物の赤ちゃんの動く様子とか，何を食べるとかかな？』『動物の赤ちゃんの，どっちが強いとか弱いとか？』『動物の赤ちゃんはどうやって大きくなるの？』です」	●挙手により，問いを三つに絞る。
開花	5．問いを使う T　「では，今度は教科書を見てみましょう。みんなから出た問い『動物の赤ちゃんは，どうやって大きくなるの？』については，教科書一段落目に『どのようにして，大きくなっていくのでしょう』とありますね」 S　「ほんとだ〜，同じことが書いてある！」 T　「では，動物の赤ちゃんは，実際にどうやって大きくなるのか，みていきましょう」 （本文の学習を行う）	●子どもたちが創った問いが，教科書の問題提示になっていることを知り，学習意欲が高まったところで学習に入る。 （※子どもの気になる問いと教科書の問題提示が合致することは多い）
実り→新しい種	6．まとめ（ふりかえり） T　「今日は初めて問いを創る授業を行いました。ワークシートに感想を書いてください」 T　「次回の本文の読みも，『不思議だな。どうして？』といった問いをもって読み進めましょう」	●次時も子どもたち自身が問いをもって学習を進めることを伝える。

編者のコメント

　小学校1年生は，実は問い創りの名人です。生まれてから小学校に入学するまで，大人たちを質問攻めにしながら，知恵を身につけ育ってきたからです。その学びのスタイルと同様に，授業でも子どもたちの興味・関心のありそうな不思議のタネをまくことで，問い創りに火がつきます。その後は，その問いの答えを先生から教えてもらうのではなく，自らが考えたり問い続けたりしながら，その思考プロセスもまた楽しむようになるのです。〔鹿嶋〕

小学校1年生／道徳科／単元：やさしいこころ　B-(6)　親切，思いやり

不思議のタネ
❸「えへん，へん」

川井英史（大分市教育センター 指導主事）

『はしのうえのおおかみ』〔奈街三郎（原作），長野ヒデ子（脚色），ミノオカ・リョウスケ（絵），鈴木出版，2013〕では，「えへん，へん」という言葉が2回出てきます。この言葉を言ったときのおおかみの気持ちを比べることで，いじわるをしたときよりも親切にしたときのほうがずっと気持ちがいいことに気づかせるために，この言葉に着目させました。

■この学習で獲得させたいもの
・いじわるをしたときよりも親切にしたときのほうが，自分も気持ちがいいことに気づく。
・身近にいる人にあたたかい心で接し，人に親切にしていこうとする。

〔子どもが考えた問いの例〕　※下線は三つに絞られた「知りたい問い」	
□何？	□どんな気持ちだったの？
□どういう意味？	□「えへん」だけじゃないの？
□どんなときに言うの？	□「えっへん」じゃないの？
□どんな言い方をするの？	□だれが言ったの？

■授業の実際
　子どもたちに「えへん，へん」と書いた吹き出し（不思議のタネ）を提示すると，きょとんとした顔になり，一瞬時が止まったようでした。子どもたちにとってはなじみがない言葉なので，一瞬考えたようです。しかしすぐに，「『えへん，へん』って何？」「どういう意味？」「どんなときに言うの？」「どんな言い方をするの？」「だれが言ったの？」など，多くの問いが出されました。「えへん，へん」という言葉に興味をもち，想像を膨らませ，盛り上がっていきました。
　次に，『はしのうえのおおかみ』の紙芝居を見せ，自分たちが考えた問いと結びつけて「親切」について考えを深めていきました。物語の中でおおかみは「えへん，へん」という言葉を2回使っています。それぞれの使い方に違いがあり，そのときどきのおおかみの気持ちを考え，おおかみになりきってセリフを言い合うことにより，「いじわるなおおかみ」と「親切なおおかみ」の心情にせまることができました。いじわるだったおおかみは，くまと出会って親切にされる経験を通して，人に親切にするよさに気づきます。そして，うさぎに同じことをすることによって出た「えへん，へん」とい

第 6 章　子どもの言葉で問いを創る授業　実践事例集

う言葉から，いじわるをしたときよりも親切にしたときのほうが自分も気持ちがいいことに，子どもたちは気づくことができました。授業のまとめでは，親切になったおおかみへ手紙を書く活動を行いました。その内容からは，自分たちも親切なおおかみのように，人に親切にしようとする気持ちがうかがえました。

【板書例】

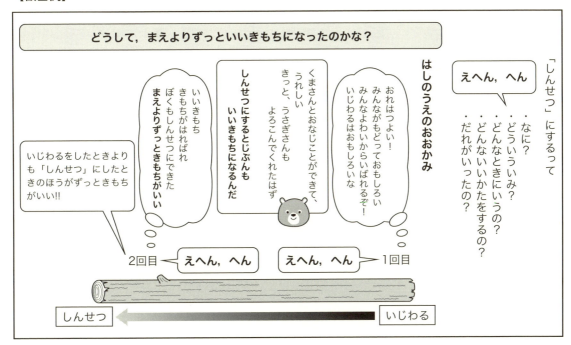

■授業展開例

・導入：本時の道徳的価値「親切」に興味・関心をもたせる。問い創りのルール確認を行う。
・不思議のタネ「えへん，へん」を提示する。
・問いを考え，全体に交流する。
・考えた問いを絞り込む。
・『はしのうえのおおかみ』の紙芝居を見る。
・「えへん，へん」をだれが言ったか考える。
・「えへん，へん」をどんなときに言っているか考える。
・「えへん，へん」を言っているときの気持ちを考える。
・おおかみが，どうして前よりずっといい気持ちになったのかを考える。
・親切なおおかみさんに手紙を書く。

109

	授業の流れ（T 教師／S 児童）	備考（補足と解説）
耕し	**1．導入** T 「みなさんが，人から親切にしてもらったことと，そのときの気持ちを発表しましょう」 S 「僕が休み時間，運動場で転んだときに，○○君が『大丈夫?』って声をかけてくれて，一緒に保健室に行ってくれました。うれしかったです」 T 「今日は不思議のタネを見て，『これは何?』『なんで?』など，思い浮かんだ聞きたいことについて，みなさんが問いを創る授業を行います。まず，問い創りの四つのルールを確認しましょう（略）」	●親切にしてもらったことやそのときの気持ちを出させ，道徳的価値へ興味・関心をもたせる。 ●ルールについては54ページ参照。低学年向けに，わかりやすい言葉で説明する。
種まき	**2．不思議のタネを提示する** T 「不思議のタネをみんなで読みましょう」 S 「えへん，へん」	●不思議のタネを黒板に貼る。「えへん，へん」という言葉に関心をもたせる。
発芽	**3．問いを創る** T 「思い浮かんだ聞きたいことを発表しましょう」 S 「どういう意味?」「どんなときに言うの?」など。	●子どもから出た問いを系統立てて板書する。
苗選び	**4．問いを絞る** T 「この中からすごく知りたいと思う問いを学級で三つ選びます。読み上げますから，よく考えて自分が一番知りたいと思う問いのときに手をあげてください」 T 「①だれが言ったの?　②どんなときに言うの?　③どんな気持ちだったの?　の三つに絞られました」 T 「いまから，『えへん，へん』というセリフが出てくるお話の紙芝居をみんなで見てみましょう」 T 「このお話をもとに，さっきの三つの問いについて考えることで，『えへん，へん』という言葉がどんな意味をもっているのかみていきましょう」	●子どもから出た言葉を読み上げて，三つに絞る。 ●『はしのうえのおおかみ』の紙芝居を見せる。
開花	**5．問いを使う** T 「『えへん，へん』は，だれが言ったの?」 S 「おおかみさん」 T 「おおかみさんは，どんなときに言ったの?」 S 「うさぎさんにいじわるしたとき」「うさぎさんに親切にすることができたとき」 T 「うさぎさんにいじわるをして『えへん，へん』と言ったとき，おおかみさんは心の中でどんなことを考えていましたか? ワークシートに記入しましょう」	●子どもの考えた①の問いについて考えさせる。 ●子どもの考えた②の問いについて考えさせる。 ●「えへん，へん」が2回出てくることを押さえる。 ●子どもの考えた③の問いについて考えさせる。

第6章　子どもの言葉で問いを創る授業　実践事例集

	S 　（ワークシートに記入する） T 　「では，発表してください」 S 　「おれは強い」「みんなが戻って行って面白い」「みんな弱い 　　からいばれるぞ」「いじわるは面白いな」 T 　「このときのおおかみさんの気持ちになって，『えへん，へ 　　ん』のセリフを言ってみましょう」 S 　「えへん，へん」（いじわるで悪さいっぱい） T 　「うさぎさんに親切にしたあと，『えへん，へん』と言った 　　とき，おおかみさんは，心の中でどんなことを考えていま 　　したか。記入しましょう」 S 　（ワークシートに記入し，発表する） S 　「いい気持ちだな」「気持ちがはればれした」「ぼくも親切に 　　できた」「前よりずっと気持ちがいいな」 T 　「おおかみさんは，どうして前よりずっといい気持ちになっ 　　たのかな？　考えて記入しましょう」 S 　（ワークシートに記入し，発表する） S 　「くまさんと同じようなことができてうれしかったから」 　　「うさぎさんが喜んでくれたから」「親切にすると自分もい 　　い気持ちになることがわかったから」「いじわるしたときよ 　　りも親切にしたときのほうが，ずっと気持ちがいいことが 　　わかったから」 T 　「では，このときのおおかみさんの気持ちになって，『えへ 　　ん，へん』のセリフを言ってみましょう」 S 　「えへん，へん」（やさしく，満足気）	●おおかみがいじわるを楽 　しんでいることに気づか 　せ，自分たちにもこのよ 　うな気持ちがあることを 　確認する。 ●「えへん，へん」を比較 　することで，1回目と2 　回目のおおかみの心情が 　変化していることに気づ 　かせる。 ●いじわるや弱い者いじめ 　をするよりも，やさしく 　親切することのほうがも 　っと気持ちがいいことに 　気づかせる。
実り ↓ 新し い種	**6．まとめ（ふりかえり）** T 　「いじわるだったおおかみさんが，くまさんと出会って自分 　　が親切にされる経験を通して，人に親切をするよさに気づ 　　きましたね。同じことをうさぎさんにできた，親切なおお 　　かみさんに手紙を書きましょう」 S 　（ワークシートに手紙を書き，発表する）	●親切にすることの大切さ 　について，自分のことと 　してとらえることができ 　ている子どもに発表させ 　る。

編者のコメント

　題材の中にある，耳慣れないセリフ「えへん，へん」を不思議のタネに使うことで，子ども
たちは好奇心を刺激され，関心をもって紙芝居を見ることができます。題材のセリフをそのま
ま使うことで，「だれが？」「どんなとき？」「心の中は？」と物語の理解を深めるのに役立って
います。ねらいの「いじわるをしたときよりも親切にしたほう……」以外にも，同じ言葉でも
言い方や場面によっては意味が違うことに気づかせるなどの発展性があります。〔石黒〕

111

小学校2年生／生活科／単元：夏野菜を育てよう

不思議のタネ

④「ショウタ君のトウモロコシが消えた」

青野真弓（高知県心の教育センター指導主事）

　学級のみんなで大切に育てている夏野菜。しかし，収穫間近のショウタ君のトウモロコシが畑から突如なくなったことに，朝，畑で水やりをしていた子どもが気がつきました。子どもが自ら発見した日常の「事件」を題材に，急遽，問いを創る授業を行いました。

■**この学習で獲得させたいもの**

知識・技能……夏野菜にはどんなものがあるのか調べ，育ててみたい夏野菜を育て，植物の成長や変化について知る。

思考力・判断力・表現力……植物に対して親しみをもち，大切に育てることができる。

〔子どもが考えた問いの例〕　※下線は三つに絞られた「知りたい問い」
□なぜショウタ君のトウモロコシが消えたの？ □だれかがショウタ君のトウモロコシを持っていったの？ □放課後は大丈夫だったから，夜か早朝になくなった？ □ショウタ君のトウモロコシはなくなってしまった。これからどうするの？ □持っていったのは，人間じゃなくて生き物？ □どうしたらみんなの野菜は守れるのか？ □持っていったのは，カラス？ □カラスは何が苦手なのか？ □カラスが来ないようにするには，どうしたらいいのか？

■**授業の実際**

（1）子どもたちの発見から生まれた不思議のタネ

　2年B組の子どもたちは，教室裏の4畳ほどの畑で，エダマメ，トウモロコシ，ナス，ピーマン，トマトなどの夏野菜を育てており，収穫日を心待ちにしていました。収穫間近のある日，ショウタ君が大切に育てていたトウモロコシがなくなっているのを，朝の水やりをしていた子どもが発見しました。その日の生活科の授業で，私は急遽これを不思議のタネにして授業を展開しようと考えました。もちろん，通常，不思議のタネは教師がつくりますが，子どもが発見し，子どもの口から出た言葉を

112

第6章　子どもの言葉で問いを創る授業　実践事例集

そのまま取り上げることで，関心は高まり，自分事としてとらえ，解決しようとする意欲が芽生える
のでは，と考えました。不思議のタネを読み上げると，子どもたちからいっせいに驚きの声が上が
り，「だれがショウタ君のトウモロコシを持っていったが？」「ショウタ君のトウモロコシはなくなっ
てしまった。これからどうするの？」など，さまざまな疑問が出されました。ショウタ君が大切に育
てたトウモロコシはなくなってしましたが，担任が自宅の畑で育てていたトウモロコシを持ってきて
代替とすることとし，その件は解決しました。

（2）　三つに絞った問いから，仮説や対策を立て，実践へとつなぐ

　子どもたちが問いを創り，発表する過程で，「どうやらカラスが犯人らしい」ということがわかり
ました。「では，みなさんからあがった問いの中から，知りたいと思うものを学級で三つ選びましょ
う」と提案すると，「どうしたらみんなの野菜は守れるのか？」「カラスは何が苦手なのか？」「カラ
スが来ないようにするにはどうしたらいいのか？」に絞られました。この三つの問いについて，わか
っていることや仮説を出していき，また対策について子どもたちからさまざまなアイデアが出ました。
　「鳥は光るものが怖いから，農家の人はお米を守るためにキラキラテープやCDを張り巡らしてい
るらしい」という意見が出る一方で，「カラスは光るものが好きって本に書いてあった。余計に来る
かも」という意見も出ました。「案山子を作ろう」と提案する子や，「カラスにとられんように朝早く
登校する！」と張り切る子もいました。
　また，これを宿題にして調べよう，という声が上がり，家で大人にインタビューするという対話的
な活動や，自ら図鑑で調べるなど主体的な活動がみられました。例えば，「ゴミ捨て場にカラスがよ
く来るから，そこにヒントがあるかも」と考えて調べた子どもが，「都会では，カラスは黄色が見え
ないという特性を生かして，ゴミ捨て場では黄色の網をかけているらしい」という情報を仕入れてき
ました。子どもたちから出されたさまざまなアイデアは，みんなで協力して全部試すことにしました。
　不思議のタネから「どうしたらいいのか」という問いが生まれ，そこから「こうしたらどうだろ
う」という子どもたちのさまざまな「試してみたい」「やってみたい」が生まれ，それを尊重するこ
とで次の活動へつながっていきました。

（3）ピンチをチャンスに！　子どもがいきいきする主体的な活動が実現

　「ショウタ君のトウモロコシが消えた」という不思議のタネをきっかけにして，「自分たちの野菜は
自分たちで守り抜く！」いう子どもたちの情熱が，創意工夫を生み，子どもたちの主体的な意見や考
えが，この単元を動かす原動力となりました。「ピンチはチャンス」という言葉がありますが，「夏野
菜を育てよう」という単元を進めるなかで「育てている野菜がなくなった」という思いがけないピン
チが訪れたことで，不思議のタネが子どもたちの内に植えられ，主体的に子どもたちが考え，活動で
きるきっかけとなり，私にとっても忘れられない単元となりました。自分たちの育てる野菜を自分た
ちで守ろうと主体的に調べ，みんなで相談しながら，行動を起こした子どもたちのいきいきした顔
は，いまでも私の宝物です。

113

■授業展開例

・導入：班単位で世話をしている畑の野菜の様子をみんなに伝える。
　　　→問いを創る授業を行うことを伝え，ルールの確認をする。
・不思議のタネ「ショウタ君のトウモロコシが消えた」を提示する。
・問い（感じたこと，わからないこと，質問したいこと）を発表する。
・問いに答えられる場合はそれも発表する。わからないものは仮説を立てる。
・仮説を実践するため，情報を集めることを確認する。

	授業の流れ（T教師／S児童）	備考（補足と解説）
耕し	**1．導入** T　「畑の野菜のお世話と観察で，前に見たときと比べて，変わっていたところを班ごとに発表しましょう」 S　「トマトの赤ちゃんができている」「オクラの花が咲いた」「ショウタ君のトウモロコシが消えた」 T　「それぞれの班の発表を聞いて，もっと聞きたいこと，不思議に思ったことや感想を出しましょう」 S　「ショウタ君のトウモロコシは昨日の帰りにはあった」「そういえば，朝，学校に来たとき，畑にカラスがおった」 T　「では，この事件を題材にこれから問いを創る授業を始めましょう。まずルールの確認をします（略）」	●前回の観察時との違いを見つけ，野菜の成長を知り栽培活動への興味・関心を高める。 ●気づいたことを発表し，野菜の成長を共有する。 ●気づきや不思議に思ったことは板書し，みんなで情報を共有する。 ●ルールを確認する（54ページ参照）。
種まき	**2．不思議のタネを提示する** T　「不思議のタネは，『ショウタ君のトウモロコシが消えた』です」	●日常の事件を題材に，自分事として解決しようとする意欲を高める。
発芽	**3．問いを創る** T　「この不思議のタネを見て，感じたこと，わからないこと，質問したいことを問いにして発表してください」 S　「なぜショウタ君のトウモロコシが消えたの？」「持っていったのはだれ？」「犯人はカラス？」「カラスが来ない方法は？」「ショウタ君はこれからどうするの？」「どうしたらみんなの野菜は守れるの？」など。 T　「ショウタ君のトウモロコシを持っていったのは，どうやらカラスのようですね。ショウタ君のトウモロコシがおいしそうだったので，おなかをすかせたカラスが食べてしまったのかもしれません。ショウタ君が大切に育てたトウモロコシがなくなってしまって，とても残念ですね。かわりに，私がお家で育てているトウモロコシを育ててもらいた	●問いは，予測される理由，防ぐための対策など，系統的に板書する。 ●子どもたちが育てている野菜が育たなかったことを想定して，学校の畑で子どもが育てているのと同じ種類の野菜を，担任は自宅で育てている。

114

第6章　子どもの言葉で問いを創る授業　実践事例集

	いと思いますが，ショウタ君，それでいいですか？」 ショウタ　「いいです。ありがとうございます」	
苗選び	**4．問いを絞る** T　「では，みなさんからあがった問いの中から，知りたいと思うものを学級で三つ選びましょう」 S　（問いが書かれた板書を見ながら，全体で話し合う） T　「この三つに絞られました。みんなで言いましょう」 S　「どうしたらみんなの野菜は守れるのか？」「カラスは何が苦手なのか？」「カラスが来ないようにするには，どうしたらいいのか？」	●知りたいと思う問いを三つに絞る。
開花	**5．問いを使う** T　「この三つの問いについて知っていることや，こうかな？と思うことがあれば教えてください」 S　「鳥は光るものが怖いから，農家の人はキラキラテープやCDを張り巡らしているらしい」「カラスは光るものが好きって本に書いてあった。余計に来るかも」「家でカラスの嫌いなものについて調べたい」「おじいちゃんがお米を作っているから電話で聞いてみる」など。	●三つの問いについて，わかっていることや仮説を出していく。 ●子どもたちが調べたいと思う意見を板書していく。
実り→新しい種	**6．まとめ（ふりかえり）** T　「『キラキラテープやCDを張り巡らせる』というアイデアと，逆に『カラスは光るものが好きだからもっと来るようになるかも』という意見も出ました。『家で調べたい』という意見も出ました。お家の人にインタビューしたり，図鑑でカラスのことを調べてきたりして，みんなで野菜を守る作戦を立てましょう」	●三つの問いについて，さらに深く調べ，それをもとに作戦を立てていくことを確認する。

編者のコメント

　子どもの口から出た言葉をそのまま「不思議のタネ」にするという斬新な試みは，授業のスタートから子どもの心をわしづかみにしています。子どもの口から出た言葉を聞いた瞬間，青野先生の頭の中では自然とこの授業のシミュレーションがなされたのでしょう。その結果，ピンチはチャンスに変わり，さらに深い学びへと子どもたちを導くことができたのです。どのような不思議のタネを用いるか，まさに教師の腕の見せどころを感じさせる実践です。〔鹿嶋〕

小学校４年生／算数科／単元：垂直・平行と四角形

不思議のタネ

❺「２本の直線をひくと三つの仲間に分けられる」

松山起也（高知大学教育学部附属小学校教諭）

　本単元のねらいは，「辺の位置関係（垂直・平行）」という図形を考察するための視点を，新たに増やすことです。「仲間分け」は算数科ではよく行われる活動ですが，ここでは，仲間分けの視点をあえて教師からは示さないことで，「どんな仲間に分けられる？」「何に着目して仲間分けすればよいの？」と改めて図形の要素に着目しながら考察できるようにします。また，「三つ」と数を限定することで多様な視点を絞り，直線の位置関係に視点を当てられるようにします。

■この学習で獲得させたいもの

知識・技能……垂直・平行の意味を知り，その弁別ができる。

思考力・判断力・表現力……どのような仲間に分けられるのかを，２本の直線の関係に着目しながら考え，新たに見いだしたことについて自分の言葉で説明できる。

〔子どもが考えた問いの例〕　※下線は三つに絞られた「知りたい問い」

□<u>直線を２本ひくって，どこにどんな直線をひくの？</u>

□仲間に分けられるってどういうこと？

□<u>２本の直線に仲間なんてあるのかな？</u>

□<u>どんな仲間に分けられるの？</u>

□<u>どうして三つの仲間なの？</u>

□仲間というのは何で決まるの？

■授業の実際

（１）　不思議のタネから派生した子どもの問いから授業を展開

　授業の初め，不思議のタネを何も言わずに提示すると，子どもたちからは上記のような問いが出されました。そこで，カードを１人に２枚ずつ配り，「点と点を結んだ２本の直線をひくこと」「みんなが直線をひいたカードを仲間分けすること」を伝え，子どもから出された「どんな仲間に分けられるの？」という問いを全体の課題として確認しました。１枚目は全員がかき方を理解しているかどうかを確かめながら自由にひかせますが，２枚目は「ほかの人がかきそうにない直線をかこう」と投げかけることで，多様な直線がひけるようにしました。

第6章 子どもの言葉で問いを創る授業 実践事例集

(2) 仲間分け作業：図形の要素に着目しながら考察

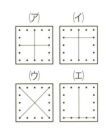

　カードが完成した後，「㋐のカードと同じ仲間があるかな？」と問いかけたところ，「バツの仲間だ」と，㋑や㋒が出されました。「㋓も同じ仲間」と言う子が出たので，「㋓も同じ仲間だという人がいるけれどどうしてかな？」と問いかけると，「直角があるからだ」「だったら，ほかにも同じ仲間があるよ」と，直角がある仲間が次々と出されました（直角の確認は，三角定規を用いて行います）。

　一つ目の仲間が「直角に交わる仲間」ということを確認できたら，残りの二つの仲間について考えます。子どもたちは，「交わっているもの（直角を除く）」と「交わっていないもの」で分けると言います。そこで，それぞれ数枚を選び黒板に貼ると，「交わっていないものの中に仲間はずれがある」と言う子が出てきました。「全部幅が同じなのに一つだけ幅が違うものがある」「幅が同じというのは，いくらのばしても永遠に交わらないということだよ」と，図に幅を書き込んだり定規をあてたりしながら，仲間はずれの意味を多くの子が説明しました。「交わっていないもの」の仲間を黒板に貼る際，教師が意図的に平行になっているものばかりを選び一つだけ平行でないものを選ぶことで，平行なものとそれ以外を見えやすくしました。これにより子どもが平行について多様な表現方法を用いて説明する場がうまれ，平行の意味を感覚的に理解できるようになりました。

(3) 垂直・平行の意味を，自分で考え表現するなかで感覚的に理解していく

　①直角に交わるもの，②直角以外で交わるもの，③交わらないもの，④のばしてもずっと交わらないもの，の四つに仲間分けがされたことを確認すると，「でも三つに分けるんだから」と子どもたちは悩みはじめました。そこで，㋔を提示し，「これはどの仲間に入るかな？」と問いかけます。多くの子が「交わっていないから③」と答えるなか，「①とも言えるかも」と言う子が出てきました。「①だと言う人がいるけど，交わっていないのにどうしてかな？」と投げかけると，「わかった！ 直角があるからだ」「そうか！ この直線をのばしたら直角に交わるんだ」と新たにみえたことを表現していきました。

　「直線をのばす」という子どもから出された視点をもとに整理していくと，最終的には，①（のばすと）直角に交わる，②（のばすと）交わるが直角ではない，③のばしても交わらない，という三つの仲間に分けられました。2本の直線をひいた数種類のカードを仲間分けする活動を通して，直線の位置関係に着目するという新たな視点に気づかせ，垂直・平行という特別な関係について，子どもの素直な表現をもとに理解できるようにしていくのです。

　平行の定義は，実際に平行かを確かめることができるという観点から，「1本の直線に垂直な2本の直線は平行であるという」と押さえますが，本時では「平行」に出合う最初の段階として，子どもの表現を用いて「いくらのばしても永遠に交わらない」と押さえました。

117

■授業展開例

・導入：ルールの確認を行う。
・不思議のタネを提示する。
・ドットカードに2本の直線をひく。→(ア)と仲間になるものを考える。→他の二つの仲間について考える。→(オ)がどこの仲間に入るかを考える。→垂直と平行の意味を知らせる。

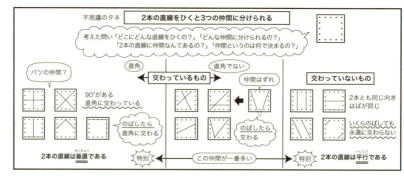

	授業の流れ（T教師／S児童）	備考（補足と解説）
耕し	**1．導入** T 「今日はこの算数の時間に，問いを創る授業を行います。まず，ルールの確認です（略）」	●ルールについては54ページ参照。
種まき	**2．不思議のタネを提示する** T 「不思議のタネはこれです」 （「2本の直線をひくと三つの仲間に分けられる」と書かれたカードとドットカードを提示）	●教師は何も言わず不思議のタネを提示し，子どもの自然な問いを引き出せるようにする。
発芽	**3．問いを創る** T 「これを見て思ったことを発表してください」 S 「直線を2本ひくって，どこにどんな直線をひくの？」「仲間というのは何で決まるの？」「どんな仲間に分けられるの？」など。	●子どもたちから出てきた問いを系統的に板書する。
苗選び	**4．問いを絞る** T 「次に，知りたいと思う問いを三つに絞りましょう」 S （学級全体の話し合いの中で，三つに絞る）	●問いは全体で確認し，共通の課題にする。
開花	**5．問いを使う** T 「みなさんの多くが疑問に思った『どんな仲間に分けられるの？』という問いを確かめてみましょう。1枚目のカードの点をつないで2本の直線をひきましょう。長さや向きは自由にかいてかまいません」 S （1枚目のカードで，点と点を結ぶ作業を行う） T 「2枚目は，人がかきそうにない直線をかきましょう」 S 「交わらない場合もある」「パターンがいろいろある」	●1人2枚カードを配布。 ●まず，かき方を全員が理解できるように確認しながら1枚だけかかせる。 ●2枚目は，多様な直線がひけるようにする。 ●最初は＋や×といった垂直に交わる図形から取り

118

第6章　子どもの言葉で問いを創る授業　実践事例集

	T　「㋐と同じ仲間はどれですか？」 S　「バツも同じ仲間」「縦長や横長のバツもあるけど」「直角に交わっているものとそうじゃないものがある」「バツでなくても直角のものがある」「一つ目は直角に交わる仲間だ」 T　「ほかの二つの仲間はどう分ければよいですか？」 S　「交わっているものと交わっていないもの」「交わっているものは直角以外の角度で交わっているものだね」「交わっていないものの中に仲間はずれがあるよ！」「全部幅が同じなのに，一つだけ幅が違うものがある！」「幅が同じというのは，直線をのばしてもずっと交わらないということだよ」「そう考えると四つの仲間になってしまう」 T　「仲間分けをしたところ，①直角に交わるもの，②直角以外で交わるもの，③交わらないもの，④のばしてもずっと交わらないもの，この四つの仲間に分けられましたね。㋒はどの仲間に入りますか？」 S　「交わっていないから③だ」「①とも言えるかも」「そうか！直線をのばすと直角に交わる」「だったらこれは三つに仲間分けできるよ」「①（のばすと）直角に交わる仲間，②（のばすと）交わるが直角ではない仲間，③のばしても交わらない仲間だ」「2本の直線を適当にひくとほとんどが②の仲間だ」「①と③はかなり特別な場合なんだね」	上げ，「直角に交わっている」という視点に気づけるようにする。 ●この段階では多様な見方が出される。それを認めつつ，直角があるという気づきに対して「どういうこと？」と返し，視点を全員で共有する。 ●「直角ではないが交わっているもの」と「交わっていないもの」を数枚選び，黒板に貼る。「交わっていないもの」は数枚中，1枚だけ平行ではないものを選ぶ。 ●四つの仲間に分けられることを確認した後に，㋒を提示し，どの仲間に入るかを尋ねる。 ●2本の直線を適当にひかせ，どの仲間か確かめ，①と③が特別なものと感じられるようにする。
実り↓新しい種	**6．まとめ（ふりかえり）** T　「今日は何に注目して仲間分けをしましたか？」 S　「2本の直線の向き」 T　「①のような直線同士の関係を垂直，③のような直線同士の関係を平行といいます。次の時間，垂直と平行についてさらに詳しく勉強していきます」	●着目した視点を子どもに尋ねることで，「2本の直線の向きの関係」という視点を明らかにする。

編者のコメント

　不思議のタネの文章と図は，「いったい何のこと？」という疑問がわくものになっています。自分たちの描いたカードを疑問を確かめるための教材として用いることで，自我関与させているところもよいです。ただ，「そう考えると四つの仲間になってしまう」という子どもの発言は，「三つの仲間に分けられる」ことが正解という前提になって考えた発言です。問い創りの際，「そもそもほんとうに三つに分けられるの？」が出ると，もっとよかったと思います。〔石黒〕

119

小学校4年生／社会科／単元：交通事故を防ぐ

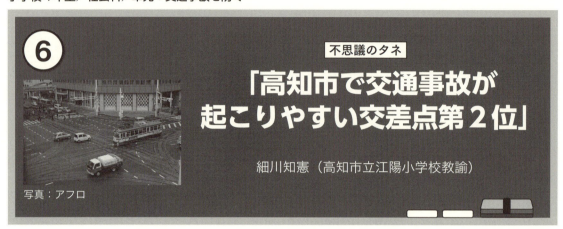

6　不思議のタネ
「高知市で交通事故が起こりやすい交差点第2位」

細川知憲（高知市立江陽小学校教諭）

写真：アフロ

　歩行者は道路横断中の事故，二輪車・自転車は交差点での事故が多くなっています。地域で最も交通量が多く，事故が起きやすい交差点をインパクトのある写真で取り上げることで，交通安全を身近な問題としてとらえ，事故から身を守る方法を考えさせようと思いました。

■この学習で獲得させたいもの
知識・技能……「事故の発生しやすい道路環境」から出発し，「事故や事件をどのような人たちがどのように防いでくれているのか」「110番の仕組み」などについて理解する。
思考力・判断力・表現力……(1)交通事故を身近な問題としてとらえ，事故から身を守るための方法について考える。(2)事故の予防として，どのような人がどのようにかかわっているのかについて考える。

〔子どもが考えた問いの例〕　※下線は三つに絞られた「知りたい問い」
□どうしてはりまや橋で事故が起こりやすいのか？
□どんな事故が多いのか？
□事故でけがをした人はいるのか？
□車と車の事故なのか，歩行者と車との事故なのか？
□電車とぶつかったからなのか？
□事故は何回くらい起きたのか？
□事故が多いのはいつのことなのか？
□はりまや橋よりも事故が起こりやすいのはどこか？
□高知市ではなく，高知県ならどうか？

第6章　子どもの言葉で問いを創る授業　実践事例集

■授業の実際

　子どもたちから出た三つの問いから授業を展開し，子どもたちに問題意識が芽生えたのを受け，「事故を減らすために自分たちでできること」を，新たな問いとして取り上げました。

一つ目の問い　「どうしてはりまや橋で事故が起こりやすいのか？」

　子どもたちから最も多くあがった問いです。子どもたちにとって交通事故はニュースなどで見聞きするものの，身近なものとはいえません。本時は本単元の導入であるため，まずは交通事故を身近な問題としてとらえさせたいと考え，最初に取り上げました。車と電車の衝突事故，曲がる車と直進する車との接触事故など，さまざまな事故の原因があがりました。

　不思議のタネとして示した航空写真は，車線の多さ，路面電車の線路と車のタイヤ痕から，交通量の多さが一目で感じられ，事故の多いことが実感しやすいものです。子どもたちは，事故が起きる可能性を，写真の様子から具体的にイメージしたり，はりまや橋について自身が見聞きした経験を思い出したりしながら，事故の原因について考えることができたと思います。

二つ目の問い　「どんな事故が多いのか？」 ／ 三つ目の問い　「事故でけがをした人はいるのか？」

　次に，上記二つの問いについて考えました。社会科の教科書掲載の『高知市の（子どもの）事故のけが人調べ〈県警調べ〉』のグラフや『交通事故の原因』の挿絵を活用しました。

プラスした問い　「事故を減らすために自分たちにできることは何か？」

　これは子どもから出た問いではありませんが，交通事故が身近な問題であることを感じ，「交通事故は自分たちで防がなければ」という問題意識が生じてきたので，新たな問いとして取り上げました。子どもたちは，「歩きスマホをやめる」「車や自転車のスピード違反をしない」など，自分や自分の家庭でできることを考えていました。また，「新しい標識を立てる」や，「警察官に交差点に立ってもらう」という意見も出ました。これは交通事故を防ぐための設備（人）につながる意見でしたので，次時の学習でさらに取り上げ，学習を深めていくことにしました。

■授業展開例

・導入：よく知る場所について問いを創る授業を行う旨を伝え関心を高める。ルールを確認する。

・不思議のタネとして交差点の写真と文を提示する。

・個人で問いを考える→考えた問いをグループで発表する→全体で発表する。

・問いを絞る→ほんとうに自分たちが知りたい問いか再確認する。

・出た問いをもとに，今後の学習の見通しをもつ。

・自分たちが事故に遭わないためにはどうしたらよいか，行動の仕方を考える。

・考えたことをグループで話し合う→各グループで考えたことや気づいたことを全体で発表する。

・学習したことを確認する→次時につなげる内容にふれる。

	授業の流れ（T 教師／S 児童）	備考（補足と解説）
耕し	**1．導入** T 「今日は問いを創る授業を行います。まずルールの確認をしましょう（略）。テーマはみなさんがよく知っている場所についてです」 S 「学校かな」「○○公園のことかもしれないな」	●意欲をもたせるため，自分の知っている場所を想起させる。 ●ルールについては54ページ参照。
種まき	**2．不思議のタネを提示する** T 「この写真は，高知市で交通事故が起こりやすい交差点第2位の場所です」 S 「あっ，はりまや橋だ」「昨日もこの橋を車で通ったよ」「ここで事故がよく起こっているの，知っているよ」	●不思議のタネを提示する。 ●身近な場所（はりまや橋交差点）であることを確認する。
発芽	**3．問いを創る** T 「この不思議のタネを見て，自分が疑問に思ったことを書きましょう」 S （各自で問いを考えてワークシートに記入する） T 「疑問に思ったことをグループで発表しましょう」 S 「どうしてはりまや橋で事故が起きやすいの？」「事故でけがをした人はいるの？」「どんな事故だったの？」「車と車の事故？」「歩行者と車？」「電車と車？」「事故は何回くらい起きたの？」　など。 T 「では，全体で発表しましょう」	●全体発表では，子どもたちから出てきた疑問を黒板で分類する。これから学習する内容にかかわっているものは，意図的に取り上げておく。
苗選び	**4．問いを絞る** T 「次に，知りたいと思う問いを三つに絞りましょう」 S （学級全体の話し合いのなかで，三つに絞る） T 「三つ決まりましたね。みなさんで言いましょう」 S 「どうしてはりまや橋で事故が起こりやすいのか？」「どんな事故が多いのか？」「電車とぶつかったからなのか？」 T 「これら三つの問いが解けると，みなさんの知りたかったことがわかってスッキリしますか？」 S 「え～？　どういうこと？」 T 「選んだ問いが，ほんとうに知りたいことを知るための問いになっているか考えます。大丈夫と思ったらそのままでOKです。『この問いだと知りたいことはわからない』『この問いよりも知りたい問いがある』と思ったら，答えが得られる問いに書き直したり，選び直したりしましょう。班で話し合い，全体発表します」 S 「『電車とぶつかったからなのか？』は，『どんな事故が多い	●黒板で分類した問いを見ながら，学級全体で問いを三つに絞る。 ●問いの価値を検討する（60ページ参照）。

第6章　子どもの言葉で問いを創る授業　実践事例集

	のか』がわかれば，電車とぶつかったかどうかはわかるので，ほかの問いに変えたほうがいいかも」→「『事故でけがをした人はいるのか』は？」→「それのほうが気になるから変えよう」 S　（全体発表→問いの選び直し） T　「①どうしてはりまや橋で事故が起こりやすいのか？　②どんな事故が多いのか？　③事故でけがをした人はいるのか？　この三つの問いに絞られました」	
開花	**5．問いを使う** T　「では，みなさんからあがった問いで一番多かった『どうしてはりまや橋で事故が起きやすいのか』について考えてみましょう」 S　（事故の原因についての意見をあげる） T　「では，次に事故でけがをした人はいるのか，どんな事故だったのか，教科書で見てみましょう」 S　（教科書のグラフをもとに調べて発表する） T　「とても身近な場所で起きている交通事故ですが，防ぐ方法はないのでしょうか？　自分たちにできることはありませんか？　まずグループで話し合い，次に全体で発表しましょう」 S　「車や自転車のスピードを出しすぎない」「歩きスマホをやめる」「警察官に交差点に立ってもらう」「新しい標識を立てる」など。	●ここでは調べ方を教師から提示する。 ●最初に子どもから出た問いではないが，事故を身近に感じたことを受けて，解決方法についても考える。
実り→新しい種	**6．まとめ（ふりかえり）** T　「みなさんから出た問いから交通安全について考えました。ふりかえりをワークシートに記入しましょう。さきほど，標識を立てるという意見が出てきましたが，標識とは何で，どのような標識があるのでしょうか。次の時間に学習していきましょう」	●ワークシートにふりかえりを記入させる。 ●次時につながる内容にふれ，学習への期待感をもたせる。

編者のコメント

　問い創りの授業を進めていくと，子どもたちが深く学ぶ姿から，ついつい先生からの問いをプラスしたくなるものです。この事例のように，子どもたちが事故を身近に感じることができるようになった場合，先生からの問いではありましたが，子どもたちも自ら問いたくなる内容になっていたのだと考えられます。また，そこまで進まなかった場合でも，ふりかえりの中で，ワークシートに項目を立てておいて，自身の考えを書いてみるのも一つの方法です。〔鹿嶋〕

小学校5年生／社会科／単元：自動車工業のさかんな地域

　不思議のタネは①～③の順に提示します。①「（いまから見せる2台の車は）同じ名前の車です」、②カスタマイズの異なる2台の自動車の写真（実際の授業では，内装や複数の角度からの外装のカラー写真を用意），③納車までの期間。同会社の同種の自動車でも，外観と室内仕様やエンジンの仕組みが違うことに気づき，自動車工業に従事している人々の工夫や努力に思いをはせ，単元終末予定の「これから消費者に求められる自動車とは」という問いにつなげたいと考えました。

■この学習で獲得させたいもの

知識・技能……(1)わが国の自動車工業が国民の生活を支えていること，自動車工業に従事している人々の工夫や努力，工業生産を支える貿易や運輸などの働きを理解する。(2)わが国の自動車工業の様子について，地図や統計などの各種の基礎的資料を活用し，必要な情報を集めて読み取ったりまとめたりする。

思考力・判断力・表現力……わが国の自動車工業の様子から学習問題を見いだして追究し，自動車工業の様子と国民生活とを関連づけて，自動車工業が国民生活を支える重要な役割を果たしていることを考え，適切に表現する。

〔子どもが考えた問いの例〕　※下線は三つに絞られた「知りたい問い」
□<u>同じ名前の車なのに，なぜ外側や室内の色が違うのか？</u>
□トヨタのマークの違いは何か？
□なぜ運転席のメーターが違うのか？
□タイヤのデザインが違うのはなぜか？
□<u>HYBRIDとは何か？</u>
□<u>なぜ納車まで時間がかかるのか？</u>
□この自動車はどこからきたのか？
□自動車はどのように運ばれるのか？

第6章　子どもの言葉で問いを創る授業　実践事例集

■授業の実際

　問い創りをきっかけに，自動車は同会社・同種でもさまざまな違いがあることに気づくことで，自動車工業に従事している人々の工夫や努力を考えるきっかけにしたいと思いました（可能であれば，自動車販売店の協力を得て，試乗車等を用意し，子どもたちに自由に見学させられるとよいと思います）。授業の実際は，不思議のタネの提示から，問い創り，問いを絞る過程までで1時間とし，次時以降で問いを使う行程およびまとめ（次時の展開。今回の問いを使った学習）へとつなげました。

　以下は，三つに絞った問いをどのように使ったか（「5．問いを使う」）についての内容です。

一つ目の問い　「同じ名前の車なのに，なぜ外側や室内の色が違うのか？」

　まず，子どもたちにとって一番の疑問となった「（同じ名前の車でありながら）なぜ外側や室内の色が違うのか」という問いを取り上げました。この問いから，消費者のニーズに合わせた自動車づくりへの学習につなげていきたいと考えました。そこで，追加の資料を提示することで，同じ車種でも色や機能を選択することができ，購入者の好みに応じた何通りもの自動車を注文できることに気づくことができました。

二つ目の問い　「HYBRID とは何か？」

　次に，内装の写真を細かく比較させることで，ハンドルについているボタンの違いや各種メーターの違い，さらに外装のメーカーのマークの違いや「HYBRID」マークの有無にも気づかせたいと考えました。この活動から導かれた問い「HYBRID とは何か」を二つ目の問いとして取り上げました。この問いから，現代の車社会の問題点やその解決方法について考えるとともに，消費者のニーズに応える新しい技術の開発や環境保全への取り組みといった自動車工業に携わる人々の思いや願いに気づかせるきっかけとしたいと考えました。

　さらに，単元終末に学習を計画している「これから消費者に求められる自動車とはどんな自動車だろうか？」という問いにつなげていきました。

三つ目の問い　「なぜ納車まで時間がかかるのか？」

　最後に，納車までの期間を示すことで「なぜ納車まで時間がかかるのか？」という問いを引き出したいと考えました。

　この問いの答えを予想していくことで，自動車生産の流れ，自動車生産に従事する人々の努力や工夫，自動車工場と関連工場とのつながり，自動車工場を支える貿易や運輸の働きといった学習計画へとつなげていきます。特に，購入者の好みに応じた自動車づくりが行われている事実を知らせた後，（本書では掲載していませんが）自動車生産ラインの写真を追加提示することで，「この1本のラインで，なぜさまざまな色の自動車ができるのだろう」「どのように自動車を生産しているのだろう」といった新たな問いが生まれていきました。

125

■授業展開例

- ・導入：自分たちが生活するうえで，自動車が欠かせないものになっていることを確認する。問いを創る授業のルール確認を行う。
- ・教師が自動車購入のために販売店に行ったことを伝え，不思議のタネとして情報を提示する。
- ・個人で問いを考える→考えた問いをグループで出し合い，仲間分けをする。
- ・解決していく問いを三つに絞る（※ここまでで１時間）。
- ・絞られた問いについて学習を行う。
- ・次時への見通しを確認する。

		授業の流れ（T教師／S児童）	備考（補足と解説）
耕し		**1．導入**	●自動車の保有台数のグラフや事前アンケートから，生活に自動車が欠かせないものであることに気づかせる。 ●ルールについては54ページ参照。
	T	「みなさんの周りでは，どんなときに自動車が使われていますか」	
	S	「買い物や習い事のときに，親に車で連れていってもらう」「給食の食材も，自動車で運ばれているなぁ」「宅配便ではいろいろな物が運ばれているよ」	
	T	「今日は，これから学習する内容を使って問いを創る授業を行います。まずルールを確認しましょう（略）」	
種まき		**2．不思議のタネを提示する**	●不思議のタネを①～③の順に黒板に掲示する。①車種を提示，②内装の違い，外装の違いがわかるように提示する。③最後に，納車期間を提示して，学習内容にある程度そった問いが生まれるように導く。
	T	「先生が新しい自動車にしたいと思って自動車販売店に行ったら，この車をすすめられました。今回の不思議のタネは，これです」	
	①	「同じ名前の車です（トヨタ シエンタ）」	
	②	２台の写真の外装・内装の写真	
	③	「納車まで４カ月くらいですね」の文字と販売員のイラスト	
	S	「テレビで見たことある」	
発芽		**3．問いを創る**	●内装の違い，外装の違いの細かい部分にも注目するよう促す。
	T	「不思議のタネから，疑問に思ったことを付箋に書きましょう。写真は細かい部分にも注目して，よく見てください」	
	S	（個人で付箋に記入する）	
	T	「班で話し合いながら，問いを仲間分けしましょう」	
	S	外装・内装：「同じ車種なのになぜ外側の色が違うの？」→「内装の色も違うのはなぜか？」→「客の好みに合わせるためか？」 タイヤ：「タイヤのデザインが違うのはなぜ？」→「タイヤにもいろいろな種類があるの？」	

第6章　子どもの言葉で問いを創る授業　実践事例集

	メーター等：「なぜ運転席のメーターが違うの？」→「なぜボタンの数が違うのか？」 HYBRID：「HYBRID って何？」→「エコカーのこと？」 納期：「なぜ納車に4カ月もかかるの？」→「注文を受けてからつくるの？」など。	●子どもたち自身で，外装・内装の違い，納期についての疑問など，仲間分けをする。
苗選び	**4．問いを絞る** T　「班で仲間分けした問いを黒板に貼ってください」 S　（仲間分けして黒板に貼る） T　「知りたい問いを学級で三つに絞りましょう」 S　（グループ分けをした内容から全体で三つに絞る） T　「①同じ名前の車なのに，なぜ外側や室内の色が違うのか？②HYBRID とは何か？③なぜ納車まで時間がかかるのか？以上の三つに絞られましたね」 　※「導入」～「問いを絞る」までで1時間，「問いを使う」から次時以降の学習。	●学級全体で問いを分類しながら，学習内容にそって三つに絞る。 ●学習内容にかかわるものについては，意図的に取り上げる。
開花	**5．問いを使う（次時からの学習）** T　「三つに絞られた問いを順に学習しましょう」 ①　同じ名前の車なのに，なぜ外側や室内の色が違うのか？ 　　——消費者のニーズに合わせた自動車づくりの学習。 ②　HYBRID とは何か？——消費者のニーズに応える新しい技術の開発や環境保全への取り組み。 ③　なぜ納車まで時間がかかるのか？——写真資料の追加提示により，「どのように自動車を生産しているのだろう」など，新たな問いが生まれた。	●追加資料を提示する。 ●③の学習で，自動車生産ラインの写真を提示。
実り→新しい種	**6．まとめ（ふりかえり）** T　「この単元（学習）の最後に，これから消費者に求められる自動車とはどのような自動車かという問いを予想し，その予想をもとに学習の計画を立てていきましょう」	●問いを予想させ，期待感をもたせる。

編者のコメント

　教師の実体験をもとにした不思議のタネです。車種名，車の写真，店員のセリフとして「納車まで4カ月くらいですね」としているところも面白いです。これにより実際に教師が体験した状況が思い浮かびやすくなります。大人は普段あたりまえに見ているものも，子どもたちにとっては不思議なことがいっぱいです。ここで，改めて関心をもって見る態度を育てています。子どもたちの抱く問いを想定しながら，意図的な不思議のタネづくりができています。〔石黒〕

小学校5年生／理科／単元：動物のたんじょう

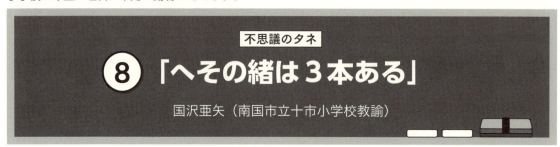

不思議のタネ
⑧ 「へその緒は3本ある」

国沢亜矢（南国市立十市小学校教諭）

　へその緒は，2本の静脈が1本の動脈に絡みつくようになっていて，その全体が薄い膜でおおわれています。一見すると1本に見えますが，表面の膜が薄いので外側からでも3本が絡みついているのが見えます。へその緒は1本だと思っていた子どもたちに，「へその緒は3本ある」という意外性のある不思議のタネを提示し，興味・関心をもたせ，役割や仕組みの理解につなげたいと考えました。

■この学習で獲得させたいもの
知識・技能……「胎児・子宮・羊水・胎盤・栄養」など，胎児の母体内での成長に関係した用語を理解する。器官の形状や位置関係，役割や仕組みについて理解する。
思考力・判断力・表現力……母体内での胎児の成長の様子を時間の経過と関連づけて考えたり，表現したりする。

〔子どもが考えた問いの例〕　※下線は三つに絞られた「知りたい問い」
□へその緒って何？／□どうなっているの？：仕組み／□大きさや長さは？
□なぜ3本あるのだろう？：役割／□食べ物が流れてくるの？
□いるものをもらうだけ？　一方通行？／□いらないものは返すの？　往復通行？
□息ができるようにしているの？／□吐いた息を返すの？
□うんちやおしっこもするの？／□うんちが流れていくの？
□どこにつながっているの？／□赤ちゃんのへそとお母さんのへそをつないでいるの？
□赤ちゃんのほうは口と鼻とおしりにつながってないと困らない？
□へその緒はいつできるの？／□いつまで必要なの？
□どうしてとれるの？：必要性と変化

■授業の実際
　へその緒について知っていることと，「へその緒は3本ある」という不思議のタネのギャップが大きいほど，問題意識が高まり，問い創りの材料が豊かになります。そこで，授業の導入では，へその緒について，子どもたちが知っていることをできるだけ多く発表させました。
　不思議のタネを提示すると，子どもたちは「3本もある」ことに驚き，たくさんの問いを創ること

第6章　子どもの言葉で問いを創る授業　実践事例集

ができました。その後，調べ学習に入るために各グループで問いを三つに絞りました。その際，ほか
のグループの問いについて情報交換を行い，調べたい思いと他グループとの重なりを見ながら，内容
に偏りがないか調整を行いました。また，調べ学習につなげるため，三つの問いが「閉じた質問」に
なっていないか検討しました。

　それぞれの問いについて，現時点で自分がどのように考えているのか，仮説を立ててから調べ学習
を行うようにしました。このプロセスをていねいに行うことで，調べ学習でわかったことから，新た
な問いが生まれやすくなり，学習の深まりが期待できると考えました。

　本授業における子どもたちの問いと思考のプロセスは，次のように進みました。

一つ目の問い　「なぜ３本あるのだろう？」（役割）

　これは，役割について考えることにつながる問いです。ほとんどの子どもたちが，まず１本目は
「食べ物のためにある」と仮説を立てました。続いてほかに取り入れるものを考えはじめた子どもた
ちが２本目は「水（飲み物）のため」と考えました。飲食物以外の取り入れるべきものをイメージし
た子どもが３本目は「空気のため」と考えました。胎児が水の中にいると知っている場合に，息をす
ることが必要と考えるからです。受け取るだけではなく，赤ちゃんから出て行くものもあるのでは，
と考える子どももいました。最もイメージしやすかったのが呼吸です。空気のためのへその緒を使っ
て，息を吸ったり吐いたりしているのではないかと考えるのです。同時に，「食べた後にいらなくな
るもの」の存在が浮かび，「赤ちゃんも，うんちやおしっこをするのかな」「まさか食べ物がやってく
るへその緒を使ってうんちを返したりしないよね」と，食べ物をもらう往路と，便等を出すための復
路の必要性を感じていました。

　へその緒を通して，母親と胎児の間を行き来するもののイメージが具体的になってくると，食べも
のがどのような形でやってくるのか，お母さんが食べたものがそのままやって来るわけではないだろ
うと考えはじめる子どももいます。これは次の問いへとつながっていきます。

二つ目の問い　「どうなっているの？」（仕組み）

　これは，仕組みついて考えることにつながる問いです。これまでは胎児側からへその緒を見ていま
したが，役割を仮定した後に母親側に目を向けると，へその緒は「どこにつながっているのか」を考
えざるを得なくなります。ものを運ぶ管のようなイメージから，それらがつながる先があると考える
からです。仮説を立てる段階では，「１本目は空気を運ぶからお母さんの肺に，２本目は食べものを
もらうからお母さんの胃に，３本目はうんちを返すからお母さんのおしり？」と考えるのですが，子
どもたち自身も首をかしげます。赤ちゃんの体のどこに３本のへその緒がつながっているのかを尋ね
ると，「へそ」と答えます。こちらは不動です。

三つ目の問い　「どうしてとれるの？」（必要性と変化）

　これは，必要性と変化につながる問いです。「みんなのへその緒はいま？」と投げかけると，「な

129

い」と答えます。「生まれたら，息もできるしおっぱいを飲むから，へその緒がなくても大丈夫」というのです。「それは，へその緒の終わりだね。始まりは？」と聞いてみると，「初めから？」「だんだんできてくる」など推測しはじめます。そこから「へその緒はいつできるのかな？」「赤ちゃんはお母さんのおなかにどれくらいいるのかな？」など，問いが広がっていきます。

　このように，母親のおなかの中に胎児がいる期間やその変化をイメージすることに結びつくと，へその緒以外にも，羊水の役割や胎盤の機能などのすごさや，生命誕生の不思議さを感じることのできる調べ学習へつながっていきます。

■授業展開例

・導入：「へその緒」について，各自が知っていることを話す。問い創りのルールを確認する。
・不思議のタネを提示する。
・問いを個人で創る（付箋に記入）。疑問に対する答えも考える。
・疑問に思うことをグループで出し合う。疑問について仮説も立てる。
・調べたい順に疑問に番号を付ける。
・ほかのグループと情報交換をしながら，調べたい問いをグループで三つに絞る。
・グループごとに調べ学習をする。
・それぞれのグループで，調べたことを模造紙などにまとめる。
・発表や質疑応答をして，ほかのグループと情報を共有する。
・学習したことを確認する。

	授業の流れ（Ｔ教師／Ｓ児童）	備考（補足と解説）
耕し	**1．導入** Ｔ　「みなさんは，へその緒って聞いたことがありますか？ へその緒について知っていることを発表してください」 Ｓ　「赤ちゃんが生まれてくるとき，おへそについている」 　　「お母さんから栄養をもらうための管。おなかの中にいるときは食べられないから」など。 Ｔ　「では，いまの話に関する題材で，問いを創る授業を行います。まず，ルールを確認しましょう（略）」	●知っていることをできるだけ多く発表させる。 ●必要に応じて理由も発表させる。 ●ルールについては54ページ参照。
種まき	**2．不思議のタネを提示する** Ｔ　「これが不思議のタネです。みんなで読みましょう」 Ｓ　「へその緒は３本ある」（え～！１本じゃないの？）	●不思議のタネを書いたカードを黒板に貼る。
発芽	**3．問いを創る** Ｔ　「不思議のタネを見て，疑問に思うことを付箋にたくさん書きましょう。その疑問に対する答えも考えましょう」 Ｓ　（個人で問い創りを行う）	●疑問に対して，仮説も立てるようにする。

130

第6章　子どもの言葉で問いを創る授業　実践事例集

	T　「疑問に思うことをグループで出し合い，疑問について仮説も立てましょう」 S　「どうして3本あるの？」「大きさや長さは？」「どうなっているの？」「どうしてとれるの？」など。	
苗選び	**4．問いを絞る** T　「調べたい問いを三つ選びます。知りたいことがわかってスッキリするための問いを選びましょう。調べたい順に1～3の番号を付けます。まず個人で番号を付けましょう」 S　（個人で三つ選び，調べたい順番に番号を付ける） T　「次にグループで調べる疑問を三つ選びましょう」 S　（グループで三つ選び順位付けを行う） T　「ほかのグループと情報交換して，疑問が重なっている場合はどうするかについても考えましょう」 T　「また，この間習った質問の仕方を使って，閉じた質問は開いた質問に書き直してみましょう」	●問いの質を検討する（60ページ参照）。 ●重なりが少なくなるように情報交換させる。 ●調べ学習につなげるので，三つの問いが，「閉じた質問」になっていないかも確認する。
開花	**5．問いを使う** T　「どのようにして調べるか，方法を考えましょう」 S　（教科書，図書室の本，コンピューター検索，家の人に聞く，など） T　「調べたことは理科のノートに記録しましょう」 S　（各自ノートに記入する） T　「調べたことをどうまとめるか話し合いましょう」 S　（紙芝居，新聞，パソコン等） ――その後，各グループで発表の練習を行い，各グループの発表・質疑応答を行う。	●保健室などへ聞きに行く場合は，前もって子どもから連絡を入れさせる。 ●まとめには質問・仮説・調べ方・わかったこと・感想を含めるよう指示。 ●グループ内で分担して調べた場合には，情報交換の場を設定する。
実り↓新しい種	**6．まとめ（ふりかえり）** T　「最後に，学習のふりかえりをノートに書きましょう」	●「調べてみてわかったこと」と「発表を聞いて思ったこと」についてふりかえりを記入する。

編者のコメント

　この授業のうまさは，子どもたちに「へその緒」について知っていることを最初に発表させたところにあります。不思議のタネはそれ自体不思議である必要はありません。このタネの面白さは，自分が知っている情報と違っていた点にあります。つまり，このギャップを埋めるための問い創りが始まったわけです。また，理科の特長でもある疑問に対して仮説を立て，それを検証するための手だてを考えるといったプロセスはほかの事例にはない流れです。〔鹿嶋〕

131

小学校6年生／算数科／単元：円の面積の求め方を考えよう

⑨ 不思議のタネ
「この面積を求めるのは簡単」

髙木直哉（いなべ市立阿下喜小学校教諭）

　6年生になるまでに，長方形・正方形・平行四辺形・三角形・台形・ひし形の面積は学習しています。6年生では，円の面積の公式を既習事項から自分たちで導き，それを習得・活用していきます。教科書にも載っている上の図を示すことで，「ん？ どうやって解くんだろう？」「いままで使ってきた公式を使えばできるのかな？」と，子どもたちが，「何とかこの問題を解いてみよう！」と興味・関心をもって頭をフル回転させるのではないかと思い，不思議のタネとしました。

■この学習で獲得させたいもの
知識・技能……円を含む複合図形の面積も，既習の公式を使えば解けることを知り，実際に解くことができる。
思考力・判断力・表現力……円を含む複合図形の中から，既習事項の図形を見つけ出し，必要な面積を求めて，順序よく解き方の説明をすることができる。

〔子どもが考えた問いの例〕　※下線は一つに絞られた「知りたい問い」
□何，これ？
□え？ どうやって解くの？
□ほんとうに面積が求められるの？
□何の形と言えばいいのかな？
□いままで習った公式を使えば解けるのかな？
□だいたい何㎠になるのかな？

■授業の実際
（1）復習で既習の知識との関連づけを
　まず，復習によって既習の知識と関連づけやすくするため，円の面積→半円の面積→4分の1の円（扇型）の面積を順番に図を見せながら解かせていきました。「半円になれば÷2をすればよい」「4分の1の円になれば÷4をすればよい」ということにもすぐに気づき，抵抗なく解き進めていました。
　次の問題を早く見せてと言わんばかりに子どもたちが待っていました。そこで，不思議のタネを掲示しました。すると「え？ どうやって解くの？」「ほんとうに面積が求められるの？」という疑問が

132

次々に出されました。なかには，「できるよ」という声もあがりました。
　子どもたちから出された問いを，系統的に板書し，そこから問いを絞りました。
　「この中で一番知りたいと思う問いに絞りましょう」と言い，子どもたちから選ばれたのが，「いままで習った公式を使えば解けるのかな？」でした。この問いから，問題にチャレンジしていきました。「この図形の中には，正方形があるよ」という発言に，「あ～！」という子もいれば「え？どこに？」という子もいました。前に出て説明してもらうと，正方形の存在に気づくことができました。
　次に，「扇型……4分の1の円もある」という意見も出てきました。少しずつ，既習の図形を探し当てていきます。さらには，対角線を引いて三角形を見つけ出す子も出てきます。「ここまでわかれば，あとはできそう」という発言が出てきたので，「じゃあ，自分で解いてごらん」と声をかけると，必死に計算をして面積を出そうとしていました。

（2）　一つの問いに向き合って，グループでの学び合い，全体での学び合い

　ここで，「一人ではここまではわかったけど，ここから先が……」という思いをもつ子も出てきたので，グループになり，学び合い活動の時間をとりました。すると，「あ～！そういうことか」「なるほど！」という声があがってきました。最後には，全体の場でさまざまなパターンの解き方を発表し合いました。自分たちのグループにはない考え方が出ると，「お～！それは思いつかなかった。すごい！」といった意見も出ました。
　子どもたちが，みんなで一つの問題を解こうとする姿が見られ，非常にいきいきと授業に取り組むことができました。

【板書例】

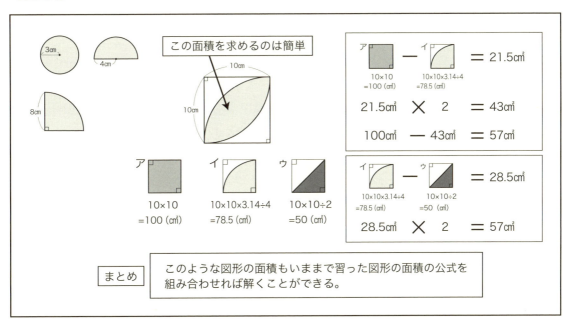

■授業展開例

・導入：円の面積の公式を使った問題を解く（円→半円→扇型）。問い創りのルールを確認する。

・円を含む複合図形（不思議のタネ）を提示する。

・どうしたら解けるのか検討する。

・不思議のタネの面積を個人で求める。

・自分の考えた方法をグループで説明する。

・全体で交流をする。

・類似・応用問題に取り組む。

	授業の流れ（T教師／S児童）	備考（補足と解説）
耕し	**1．導入** T　「いまから，円の面積の公式を使った問題を四つ行います。ノートに式と答えを書きましょう」（円，半円，扇型のそれぞれの面積を求める） T　「では，四つ目の問題を使って問いを創る授業を行います。まず，ルールを確認しましょう（略）」	●円の面積＝半径×半径×円周率を押さえる。 ●四つ目の問題が不思議のタネとなる。 ●ルールについては54ページ参照。
種まき	**2．不思議のタネを提示する** T　「今回は，これが不思議のタネです」 S　「え〜，何これ？」「これを解くの？」	●不思議のタネ（「この面積を求めるのは簡単」と書かれた円を含む複合図形）を黒板に貼る。
発芽&苗選び	**3．問いを創る・問いを絞る** T　「この図を見て，疑問に思うことをあげてください」 S　「どうやって解くの？」「ほんとうに面積が求められるの？」「いままで習った公式を使えば解けるの？」 T　「この中で一番知りたいと思う問いを絞りましょう。読み上げますから挙手してください」 　　「はい，『いままで習った公式を使えば解けるのかな？』という問いに絞られました。この問いから問題にチャレンジしていきましょう」 S　「この中にある図形の面積一つずつがわかると，いままで習った公式で解けるかも」→「そうか！　じゃあまず，この中に隠れている図形を探してみよう」→「正方形があるね」→「うん，わかる」→「え〜と……。ああ！　扇形がある」→「ほら，こうやって対角線を引くと，三角形もできるよ」→「ここまでわかれば，自分で解けるね」	●子どもたちからあがった問いを系統立てて板書する。 ●問いを一つ選ぶ。

第6章　子どもの言葉で問いを創る授業　実践事例集

開花	4．問いを使う T 「いままで習った方法を使って，自分で解いてみましょう」 　（個人で解く。正方形，扇形，三角形の面積を求め，ノートに 　自分なりの解き方を書いていく） S 「ここまではわかったけど，この先が一人だとわからない」 T 「一人での学習ではこの先がわからない，という意見があり 　ました。グループになり，自分の考えを伝えましょう」 S 　（グループでの意見交流） S 「正方形と三角形の面積の求め方はわかるけど，扇形の求め 　方がわからない」→「ほら，四分の一の円だから……」→ 　「円を四等分すればいいんだね。半径10cmだから……」 T 「では，全体でこの問題の解き方を説明しましょう」 　（子どもが前に立ち，順序立てて説明をする） S 「まず，1辺が10cmの正方形の面積を求めます。次に，半径 　10cmの扇型を求めます。そして，正方形から扇形を引きま 　す。すると，$100-78.5=21.5$cm²が出ます。扇形からさらに 　21.5cm²を引くと答えが出ます。$78.5-21.5=57$cm²だから，答 　えは57cm²になります」	●子どもたちの意欲が高ま 　ったところで，自分で解 　くよう促す。 ●机間巡視を行う。 ●途中までの子がいたら， 　その子の考えを先に聞く 　ようにする。アドバイス 　をしながら，その子の考 　えを確立させていく。 ●「まず……次に……そし 　て……だから答えは 　……」と順序立てて説明 　ができるようにする。 ●自分の考えにないもの 　は，メモをとってもよい 　ことを伝える。
実り→新しい種	5．まとめ（ふりかえり） T 「今日の学習をまとめましょう。このような図形は，どうす 　れば解けるのでしょうか。」 S 「正方形，三角形，扇形などのいままで習った図形を組み合 　わせれば解くことができます」 T 「今日の授業で解いた問題の考え方を使って，練習問題にチ 　ャレンジしましょう」 S 　（勾玉のような図形などを組み合わせた問題を解く） T 「おわりに，学習のふりかえりをノートに書きましょう」	●既習事項を組み合わせれ 　ば解けることに注目させ 　る。 ●擬似・応用問題を解く。 ●ふりかえりを行う。

編者のコメント

　複合図形の面積を求めるよくある問題ですが，グループ学習で子どもたちが互いに説明する
ことでヒントを得たり，理解を促したりしており，主体的で対話的な流れになっています。授
業は特定の複合図形の面積の求め方にとどまっています。しかし，不思議のタネの示し方で，
ほかの複合図形の面積も，既習の公式を組み合わせて求めることができることに気づいたり，
自分たちで複合図形の問題をつくる展開に発展できます。〔石黒〕

小学校6年生／体育科／単元：ハードル走

不思議のタネ

⑩「フラット走はハードル走より速い」

濵田実智雄（土佐市立蓮池小学校教諭）

　あたりまえのように思えるこの不思議のタネを提示することで，「ほんとうにそうなのか？」「なぜそうなのか？」と深く考え，ハードル走でもフラット走と同様にロスなく走り抜けるために必要な技術を考えたり，チャレンジしたりするきっかけにしたいと思いました。

■この学習で獲得させたいもの

知識・技能……ハードルを規則的・連続的なリズムで走り越えることが速く走るコツであるとわかる。また，そのことができるようにする。

思考力・判断力・表現力……自分の走りに合ったコースを選び，規則的なリズムで走るには，どのような動きが必要か工夫できるようにする。

〔子どもが考えた問いの例〕　※下線は三つに絞られた「知りたい問い」
□ハードル走・フラット走って何？
□ハードル走のほうが遅くなるのはあたりまえじゃないの？
□どんな距離でもそうなの？
□<u>なぜフラット走はハードル走より速くなるの？</u>
□どんなハードルでもフラット走より遅くなる？
□<u>ハードルの選手でもそうなの？</u>
□<u>ハードルで速く走るにはどうしたらいいの？</u>
□フラット走を速く走るにはどうしたらいいの？

■授業の実際

（1）　授業のねらい：ハードル走・フラット走をとらえ直す機会に

　速く走るためには，ストライドの大きさとピッチの速さが重要です。ハードル走を経験した子どもたちは，ハードルをまたぎ越すときの感覚で，ストライドを大きくとることによって，速く走ることができたように感じることがしばしばあります。それを確かめることで，振り上げ足や抜き足，ディップ動作等，ハードルの技術を見つけていくことができるのではないかと考えました。

　「フラット走はハードル走より速い」という不思議のタネを見て子どもから出た問い，「ハードル

走・フラット走って何？」は，これまでハードル走は学習していても，フラット走（短距離走）と対比しながら学習したことのない子どもたちにとっては当然の疑問といえるでしょう。今回，両者を対比することによって，改めて「ハードル走・フラット走」をとらえ直す機会にしたいと考えました。

（２）　授業の流れ：問いを活用してハードル走法を考察・分析，動作の学習へ

まず，問い創りによって，不思議のタネからわき上がる，疑問に思うことを書き出します。その中から，知りたい問いを三つ絞ります。

次に，この問いを使って，「ハードル走」とは何かを考えるために，「40m平面段ボールハードル走」のタイムを計測しました。助走のある・なし，インターバルの狭い・広い（2m・6m），ランダムか否かを織り交ぜた5通りのコースを走ってタイムを計測しました。すると，4台目をゴール上に置きイン

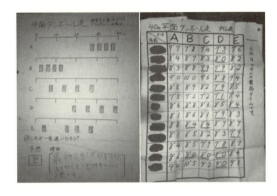

ターバルを6mで設置したコースでトップタイムが出る児童が多く（77％），最大歩幅の3歩分で等間隔のハードル設置が速いタイムで走ることができるということがわかりました。

さらに，「なぜフラット走はハードル走より速く走ることができるか」について考えるために，40mフラット走のタイムを一人一人計測し（10mごとのラップタイムも），タイムと足跡を分析しました。計測の仕方は，まずグランドを竹ぼうきではいて足跡が残るようにし，その上にお手玉を置きます。足跡間の長さは，メジャーを当てて記録します。

40mハードル走も同様に，タイムと足跡分析を行いました。すると，明らかに40mハードルのほうがタイムは遅く（ハードル走：平均9.6秒・フラット走：平均8.1秒），ハードルを越えたときのストライドがかなり大きいので（ハードル走最大歩幅平均207cm〈第一ハードル〉・フラット走最大歩幅平均161cm）そのあたりにタイムロスの要因があるのではないかと予想できました。そこで，ハードルがあってもフラット走と同じようにロスなく走り抜けるために，どのような技術が必要になるのか，調べたりチャレンジしたりするなか，振り上げ足や抜き足，ディップ動作等について学習できればと考えました（一般的に，ハードルによるロスタイムは0.3秒といわれます。40mフラット走のタイム＋0.3秒×4台分のタイムが，40mハードル走の目標）。

■授業展開例

・導入：既習のハードル走とフラット走を比べる。問い創りのルールを確認する。

・不思議のタネを提示する。

・問いを創る→問いを三つに絞る。

・40mフラット走のタイム・足跡を計測する。→40mハードル走のタイム・足跡を計測する。

・計測・集計結果（歩数・最大歩幅・タイム集計，個人の走りのデータ）の一覧表を掲示する。

・なぜ，ハードル走よりフラット走が速くなるのか，個人で理由を考える。

・グループで考えを出し合い，検討する。

・グループで話し合った結果や個人の意見を発表し合う。

・学習をまとめる。

	授業の流れ（T教師／S児童）	備考（補足と解説）
耕し	**1．導入** T 「いままで学習してきたハードル走とフラット走を比べてみましょう」 S 「フラット走って何だっけ？」「ハードル走のほうが時間はかかるよね」など。 T 「今日は，この学習を題材に，問いを創る授業を行います。まずルールの確認をしましょう（略）」	●どんなことで比較できるのか考えさせ，興味をもたせる。 ●ルールについては54ページ参照。
種まき	**2．不思議のタネを提示する** T 「不思議のタネはこれです。みんなで読んでみよう」 S 「フラット走はハードル走より速い」 S 「ハードルを跳びながら走るより，普通に走るほうが速いのはあたりまえじゃないの？」 T 「ほんとうにあたりまえかな？ まず，みんなで考えてみましょう」	●不思議のタネを提示する。 ●あたりまえのことかどうか問い直す。
発芽	**3．問いを創る** T 「不思議のタネを見て，疑問に思うこと，質問したいことを考えましょう」 S 「ハードル走のほうが遅くなるのはあたりまえじゃないの？」「なぜフラット走はハードル走より速くなるの？」「どんな距離でもそうなの？」「ハードルの選手でもそうなの？」「ハードルで速く走るにはどうしたらいいの？」など。	●屋外授業では板書はむずかしいが，移動式や持ち運びのできるホワイトボードなどに系統立てて記入する。
苗選び	**4．問いを絞る** T 「たくさんの問いが出ましたね。では，この中から自分たちが知りたい問いを三つ選びましょう。グループで話し合い，	

第6章　子どもの言葉で問いを創る授業　実践事例集

	全体で発表しましょう」 S　（グループによる話し合い→全体発表） T　「この三つになりましたね。みんなで言いましょう」 S　「なぜフラット走はハードル走より速くなるの？」 　　「ハードルの選手でもそうなの？」 　　「ハードルで速く走るにはどうしたらいいの？」	
開花	**5．問いを使う** T　「では，ほんとうにフラット走がハードル走より速くなるのか，調べてみましょう。また，どうしてそうなるのか，どんなことを計測すれば理由がわかりそうかな？」 S　「タイムは計測できるね」「タイムのほかは無理じゃない？」「心拍数とか血圧とか？」「足跡の幅は測れるかも」「歩数は？」「GPSを使ってできない？」など。 T　「では，計測可能な方法を使い，実際に走って計測しましょう」 ——タイム計測，お手玉による全ストライドの足跡計測などを実施。	●タイム，ラップタイム，全歩幅，歩数等計測可能なもの以外は，どうやって計測できそうか子どもたちに聞いてみる。 ●その他，子どもたちのアイデアによる計測可能な方法も使い，計測して記録する。
実り → 新しい種	**6．まとめ（ふりかえり）** T　「集計した記録をもとに，どんなことが言えそうか分析しましょう」 S　（個人→グループ→全体発表） S　「フラット走よりハードル走のほうが最大歩幅は大きいのに歩数が多いのが不思議」「ハードル走のほうがストライドのばらつきが大きい」「普通に走るほうが走りやすい」など。 T　「次回の授業では，ハードルがあっても速く走るためにはどんな工夫をすればいいのか，調べたり考えたりしながら，できるように練習していきましょう」	●計測・集計結果の一覧表を掲示する。 ●次時の活動につながる投げかけを行い，ハードリングへの興味・関心を促す。

編者のコメント

　この一連の授業は，種まき（課題提示）→発芽・苗選び（仮説）→開花（検証）→実り（考察）→新しい種（新たな課題）と，何かを習得するためのPDCAサイクルになっています。だれもがあたりまえと思っている「フラット走はハードル走より速い」から「フラット走とハードル走のタイム差を縮めるにはどうすればいいか」について問い始め，問い続けながら試行錯誤する姿勢が身につくと考えられます。あたりまえを不思議のタネにしたみごとな事例です。〔鹿嶋〕

中学校1年生／社会科／単元：古代国家の歩みと東アジア世界

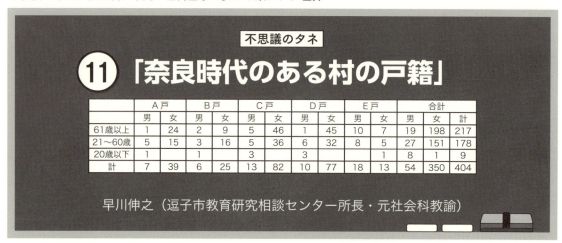

　この不思議のタネは，「奈良時代のある村の戸籍」という言葉とこの表（「肥君猪手の戸籍」，井手正子，正倉院文書）を見ただけで，さまざまな疑問や問いがわいてきて，その疑問や問いを追究することで，当時の人々の暮らしの本質に迫ることができると思い，取り上げました。

■この学習で獲得させたいもの

本時の目標（模造紙で掲示）
① 　内容目標──「郷土に残る資料から，奈良時代の人々の生活をみんなで考えよう」
② 　態度目標──「耳」……相手の話をよく聴こう。「口」……お互いに遠慮なく質問し合おう。
　　　　　　　　「手」……チームで協力して解決しよう。

〔子どもが考えた問いの例〕

- □戸籍って何？
- □戸籍は何のためにあるの？
- □奈良時代に戸籍があったのはなぜ？
- □戸籍はいつの時代からあるの？
- □いまと奈良時代では戸籍はどう違うの？
- □一戸は一つの家族のこと？
- □女性に比べて男性が極端に少ないのはなぜ？
- □20歳以下の人が少ないのはなぜ？
- □20歳以下が少なくて，61歳以上が多いのはなぜ？
- □61歳以上が多いのはなぜ？
- □61歳以上の男性が少ないのはなぜ？
- □61歳以上の女性が多くて，男性が少ないのはなぜ？

第6章 子どもの言葉で問いを創る授業　実践事例集

■**授業の実際**

　この授業は，市内中学校のあるクラスをお借りして行ったものです。

　子どもたちはあまり班学習や対話に慣れておらず，問いを自分たちで創ることも初めての経験でした。そのため，授業の前半である程度時間をかけて「態度目標」と「問いをどう創ればよいか」という説明が必要になり，時間が足りませんでした。一時限の中で，「問いを創る」→「問いを活用する」ところまでいきたかったのですが，グループ学習で，「どうしてもわからなかった問い」については，持ち越しとなりました。それでも今回の「問いを創る授業」が，子どもたちの学習意欲に与えた影響は筆者にとっても予想以上に大きかったことは，ふりかえり（感想）に十分示されていると考えています。

　付箋に個人の問いを記入し，グループで発表し合い，各々の問いに関してグループで話し合い，解決していきました。ホワイトボードには，グループで解決できなかった問いを記入させました。今回，問い創りの基本型の「問いを絞る」の行程はありませんが，「どうしてもわからなかった問い」がそれにあたると考えます。

■**ふりかえりシートより（生徒の感想）**

・奈良時代の疑問を見つけることが面白かったです。
・自分で問いを考えるのはむずかしかったです。
・みんなで疑問や問いを出し合い，積極的に学習できました。
・グループでやったことで自分一人では思いつかない問いなど，いろいろな人の考えを知ることができたのでよかったです。

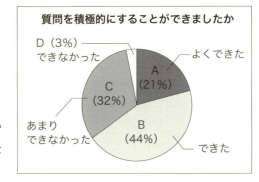

・自分たちで問いを出し合って，その答えを見つけるのはすごく楽しかったです。時間がもっとあれば，さらにたくさん問いが出てきた気がします。
・グループ学習でやると，自分が思っていることを言えるのですごくいいと思いました。目標は達成できました。
・自分一人で思いつかないことも，友達と話し合うことで理解できたことがありました。
・グループ学習だと，先生に教えられるより友達に教えられたほうが，教えるほうも記憶に残るからいいと思いました。

授業展開例

・授業内容と態度目標を示す。

・資料1からわかったことをグループで話し合う。

・資料2を使った学習では，問い創りのモデリングを例示する（「問い創り」の練習）。問い創りの導入を行い，ルールを確認する。

・不思議のタネとなる「資料3」を例示する。

・問い創りを行う（各自→グループ）。

・その問いを使って調べ学習を行う。

・ふりかえり（まとめ）を行い，次時につなげる。

	授業の流れ（T教師／S生徒）	備考（補足と解説）
耕し	**1．導入** T　「『郷土に残る資料から奈良時代の人々の生活をみんなで考えよう』の授業を行います。三つの態度目標を守って行いましょう。まず，奈良時代について知っていることをグループで出し合い，全体発表します」 S　（グループで出し合う→全体発表） T　（税についての確認と，本時の流れを説明する） T　「では，資料1の『東大寺正倉院調布墨書』を見て，逗子市の地名，人物名，何を送ったか，についてグループで見つけて発表し合いましょう」 S　（グループで出し合う） T　「資料2の『運脚は逗子市から何日かかって都に運んだ？』について，グループで話し合いましょう」 S　（グループで話し合う） **【問い創りの導入】** T　「次に，問いを創る授業を行います。不思議のタネを見て疑問に思ったことを問いにします。たくさんの問いを出し合い，みんなで協力して解決しましょう。まず，問い創りのルールを確認します（略）」	●目標の提示と授業ルールを模造紙に掲示。 ●態度目標①【耳】相手の話をよく聴こう，②【口】お互いに遠慮なく質問し合おう，③【手】チームで協力して解決しよう，を確認する。 ●机間巡視し，必要な場合，態度目標を確認する。 ●正倉院御物に記述がある逗子の調布の資料を使った資料1，資料2を提示。 ●資料2で問い創りのモデリングを例示する。 ●不思議のタネを提示する。 ●ルールについては54ページ参照。
種まき	**2．不思議のタネを提示する** T　「それでは，不思議のタネを発表します。これは奈良時代のある村の戸籍です」	●資料3「奈良時代のある村の戸籍」の表を黒板に貼る。
発芽	**3．問いを創る** T　「この不思議のタネを見て，疑問に思ったことをたくさん出しましょう。まず個人で考えて一つずつ付箋に記入します」	

142

第6章　子どもの言葉で問いを創る授業　実践事例集

	S　（個人で考え，記入する）	
	T　「次にグループで話し合います。一人ずつ発表しながら，付箋を中央に貼ります。考えたことをなるべくたくさん出し合いましょう」	●机間巡視し，態度目標「耳」と「口」を活用するよう促す。
	S　「戸籍って何？」「奈良時代に戸籍があったのはなぜ？」「女性に比べて男性が極端に少ないのはなぜ？」「なぜ20歳以下が少ないの？」「61歳以上が多いのはなぜ？」など。	
苗選び&開花	**４．問いを絞る・問いを使う** T　「同じ内容・似た内容の付箋は一つの固まりにするなど，話し合った問いの内容をグループ分けします」 T　「それぞれの問いについて，グループで話し合い，答えを見つけます。どうしてもわからないものは，グループ用のホワイトボードに書きましょう」	●わからなかったことをホワイトボードに書くように促す。→「どうしてもわからなかった問い」が絞られた問い。
実り↓新しい種	**５．まとめ（ふりかえり）** T　「グループで出た問いとその答え，そして，どうしてもわからなかった問いについて全体発表を行います」 （全体発表） T　「どうしてもわからなかった問いに関しても，みんなで協力して調べていきましょう。今日は初めて問い創りを授業で行いました。ふりかえりシートに，学んだこと・気づいたことを記入しましょう」	●次の学習へ展開を予想させ，意欲を高める。 ●最後に全体でシェアリングを行う。

編者のコメント

　問いを創る授業のアレンジバージョンです。導入で居住地の郷土資料を用い，自然に子どもたちの興味・関心を引き出しています。学習目標だけでなく態度目標として耳や目などのイラストを用いて，いま何をすればよいのかを明確にしています。出てきた問いのうち解決できるものは自分たちで解決することで，問いの絞り込みをしています。グループで解決していくことで，協力してわかることの楽しさを経験しつつ，わからないものを何とか解決したいという気持ちが高まります。ほんとうに知りたいことは何かを自然にあぶり出す方法の一つです。〔石黒〕

143

中学校1年生／数学科／単元：正の数・負の数

不思議のタネ

⑫「負の数も数の世界の仲間」

白石久美香（新居浜市立西中学校教諭）

　マイナスのつく数（負の数）は数の仲間なのか，数とはどんなものなのか，いま，ここで考えさせたいと思い，この不思議のタネを選びました。日常生活で無意識に使われている「数」について，子どもたち自ら関心をもって学習させ，負の数の学習を通して，四則演算の可能性を保つためには，数の範囲を広げる必要性があることについても気づかせたいと思い，この授業を行いました。

■この学習で獲得させたいもの

知識・技能……正の数・負の数の意味や表し方が理解できる。四則演算ができるようになる。

思考力・判断力・表現力……日常生活の中で負の数を使うよさを感じ取る。また，四則演算の可能性を保つためには数の世界を広げる必要があることを理解し，数の概念についての理解を深める。

〔子どもが考えた問いの例〕　※下線は三つに絞られた「知りたい問い」
□<u>数の世界にはどんな数があるの？</u>
□小数や分数は数の仲間なの？
□「0」は数の世界の仲間なの？
□負の数は永久に続くのかな？
□いつ，どこで，何のために負の数が生まれたのだろう？
□<u>負の数を数の仲間に入れていいことはあるの？</u>
□負の数を数の仲間に入れたらどうなるの？
□「－（マイナス）」と「ひく」は同じ意味なのかな？
□初めから（すでに）負の数は数の世界の仲間じゃないの？
□「－」と「＋」は同じだと思うから，仲間にできるんじゃないの？
□<u>負の数を数の世界の仲間にすると，計算の答えはどうなるの？</u>
□「りんご－3個」ってどういう意味？

144

第6章　子どもの言葉で問いを創る授業　実践事例集

■授業の実際

　事前に，日常生活の中にある「マイナスのついた数（負の数）」について調べ学習を行いました。生活の中で負の数はたくさん使われており，正の数と反対の性質をもつ数であることや，基準からの増減を表すのに便利だと感じ取ることができました。温度計の目盛をもとに数直線上に負の数を表し，負の数は0より小さい数であることや，大きさがあることなどを理解することができました。

一つ目の問い　「数の世界にはどんな数があるの？」

　三つに絞られた問いの中からまず取り上げたのはこの問いです。子どもたちは，これまで学習してきた数を次々と答えました。学んだ順に数を時系列でまとめることによって，分数や小数は，自然数と0では表せない数の必要性から生まれてきたことに気づきました。

二つ目の問い　「負の数を数の仲間に入れていいことはあるの？」

　マイナスのついた数は，スーパーで「－100円」の表示を見るだけで定価より100円安くなること，ゴルフのスコアで「－3」は目標より3打少ないこと，地図帳にある「－9780m」は伊豆・小笠原海溝が海面より9780m深いことなどは一目で理解できる便利さがあり，子どもたちは，日常生活の中で負の数がたくさん使われていることに気づきました。では，「りんご－3個」とはどういう意味だろう。最初に，りんごが10個あって，3個減って，いまは7個しかないということかな。0個から考えて，3個足りないことを表しているのかな。では，これを計算式で表してみるとどうなるのだろう。足し算かな？引き算かな？（10＋（－3）＝7，10－3＝7）――子どもたちは考えを巡らしました。

　数の世界の仲間に負の数を入れるとどうなるのか。いいことはあるのか。数の世界に負の数は必要なのか。困ったことが起こるのか。5から－3をひくとどうなる？負の数と負の数の掛け算の答えは……と，この単元の学習内容である四則演算についても，さまざまな問いがわき上がりました。

三つ目の問い　「負の数を数の世界の仲間にすると，計算の答えはどうなるの？」

　さらに，子どもたちの頭の中には，この三つ目の問いが浮かんできましたが，これについては次時に取り上げ，学習をさらに深めていくことにしました。

本授業の成果――知的好奇心が途切れることなく展開

　子どもたちにとっては，数といえば，「正の数」のイメージが強く，改めて「数の世界とは？」と問うことで，いったい数の世界にはどんな種類があるのだろう，王様はいるのか，イケメンの数（黄金比など）はあるのか，負の数はすでに数の世界に存在しているのではないか？など，数の世界の広がりを感じていました。話し合いの中で次々と疑問が生まれ，数の世界の学習に必要なことを見つけ出しました。その疑問を解決しようと，生徒が主体となって学習課題を見つけ解決しようとする姿勢がみられ，単元全体の知的好奇心が途切れることなく展開していきました。

145

◆**子どもたちのふりかえり（ワークシートより）**

・問いがどんどん生まれてきて，負の数に関心がわいてきた。学習が面白くなってきた。

・ぼんやりとしていたことが，はっきりとわかってきた。

・数の世界は奥が深く，ほかにも知らない数があるんじゃないかな？　それを知りたくなった。

・頭の中が「？」でいっぱいになったけど，たくさんの問いを創ったことで答えも考えてみたいと思
　うようになった。

■**授業展開例**

・導入：身近にある「マイナスのつく数」について，各自が調べてきたことを紹介する。「マイナス
　のつく数」とはどんなものか考える。問い創りのルールを示す。

・不思議のタネを提示する。

・疑問に思うことを各自で考え，グループで出し合う。

・とても知りたいと思う問い，解決したい問いをグループで三つに絞る。

・考えた問いを全体で発表し，出た問いをもとに，今後の学習の見通しをもつ。

・絞られた三つのうち二つについて，個人で考える→グループで話し合う。

・それぞれのグループで考えたことや気づいたことを全体発表する。

・学習したことを確認し，これからの学習につなげる。

	授業の流れ（T教師／S生徒）	備考（補足と解説）
耕し	**1．導入** T　「今日はマイナスのついた数（負の数）について学習しま 　す。－12℃のように「－（マイナス）」のつく数について知 　っていることを発表しましょう」 S　「地図帳にある海溝。伊豆・小笠原海溝－9780mとか」「ゴ 　ルフのスコアは－3打って言うね」 T　「では，学習内容を題材に，これから問いを創る授業を行い 　ます。問い創りのルールは四つあります。（中略）これを守 　って行いましょう」	●知っていることをできる 　だけ多く発表する。 ●「負の数」は基準より小 　さい数であることを示す。 ●ルールについては54ペー 　ジ参照。
種まき	**2．不思議のタネを提示する** T　「不思議のタネはこれです。みんなで読みましょう」 S　「負の数も数の世界の仲間」	●不思議のタネのカードを 　黒板に貼る。
発芽	**3．問いを創る** T　「疑問に思うことを各自で考え，付箋に書きましょう」 S　「数の世界にはどんな数があるの？」「負の数を仲間に入れ 　ていいことはあるの？」など。 T　「次にグループで出し合いましょう」	●自由な発想を保証するた 　めに例をあげない。

第6章　子どもの言葉で問いを創る授業　実践事例集

	S　「負の数は何のために生まれたのだろう」→「すでに負の数は仲間じゃないの？」 「数の世界って，正・負の数ほかにもあるの？」→「数の世界にはどんな数があるの？」など。	
苗選び	**4．問いを絞る** T　「この中から，とても知りたいと思う問いを選びましょう。まずは個人で三つに絞ります」 S　（個人で問いを絞る） T　「次にグループで三つ選びましょう」 S　（グループで話し合い，三つに絞る） T　「では，班ごとに全体発表して，学級で三つの問いに絞りましょう」 S　（班ごとに発表→三つに絞る）	●子どもから出た問いを系統立てて板書する。
開花	**5．問いを使う** T　「三つに絞った問いのうち，①数の世界にはどんな数があるの？　②負の数を数の仲間に入れていいことはあるの？　についての答えを各自で考えて，付箋に記入しましょう」 S　（各自で考え，付箋に記入する） T　「答えをグループで出し合い，まとめましょう」 S　（グループで話し合う） T　「グループで考えたことを発表しましょう」 S　（全体発表）	●小学校で学習した数の世界について確認する。 ●負の数は基準より小さい数を表し，正の数とセットで使うと便利であることに気づく。
実り→新しい種	**6．まとめ（ふりかえり）** T　「絞られた問いの三つ目，負の数を数の世界の仲間にすると計算の答えはどうなるの？　については次時の学習で扱います。では，今日の授業で感じたこと，考えたことをワークシートに書きましょう」	●四則演算はどう考えていけばよいのか，次時からの学習課題を確認する。

編者のコメント

　正負の数の導入として子どもたちの素朴な疑問をうまく生かしています。出てきた問いを絞り込む段階で，問いを整理することにより，絞り込みからもれた問いの答えを導いています。自分たちで解決できる問いは，自分たちで解決して次のステップに進むことで子どもたちは達成感を味わいながら学習を進めます。子どもたちのふりかえりからは，数の世界への関心の高まりを感じます。また，数の世界の構造を整理して理解するよい機会となっています。〔石黒〕

147

中学校1年生／理科／単元：身近な生物を観察しよう

不思議のタネ

⑬「微生物はどこにでもいる」

鹿嶋博章（江戸川区立葛西第三中学校教諭）

「問いを創る授業」を取り入れることで，子どもたち自らが感じた疑問をどのようにすれば解決できるのか，主体的に実験・観察方法を考え，一つ一つ解決していくことで，科学的な思考と課題を解決する力が養われるのではないかと考えました。また，中学校1年の初期にこの活動を行うことで，授業に限らず普段の生活においても，身の回りの事物現象について，ふと疑問に思ったことを自分で調べ，解決できるようになるのではないかと考えました。

■この学習で獲得させたいもの

知識・技能……顕微鏡を活用して，微生物の種類や名称，特徴を知る。

思考力・判断力・表現力……疑問を解決するうえで，どのように実験・観察していくことがよいか，深く考えることができる。

〔子どもが考えた問いの例〕　※下線は三つに絞られた「知りたい問い」

□<u>微生物って何？</u>

□どれくらいの種類がいるの？

□何を食べて生活しているの？

□<u>ほんとうにどこにでもいるの？</u>

□海の中や川の中などの水中？　土の中？

□体の中にもいるの？

□どのくらいの大きさなの？

□<u>どうやって確認するの？</u>

□ルーペで観察する？　顕微鏡で観察する？

□いつごろから生息しているの？

□どうやって生まれてくるの？

148

第6章　子どもの言葉で問いを創る授業　実践事例集

■授業の実際

（1）　問いの広がり——根源的な問いから始まり，実験・観察についての問いへ

　初めて「不思議のタネ」を使って授業を展開したこともあり，最初はとまどっていた子どもたちですが，「微生物ってそもそも何ですか？」というごくあたりまえの疑問が出ると，次から次へと疑問があふれ出てきました。

　「どんな構造をしているの？」「どのようなものをエサに育っているの？」など，微生物自体に対しての疑問がひととおり出たあとには，「ほんとうにどこにでもいるの？」「確かめるためには何をしたらいい？」など，実験や観察についての疑問が出てくるようになりました。

（2）　問いの深まり——具体的な方策を探す，「収束的な問い」へ

　やがて，「この前の授業で顕微鏡とかルーペの使い方を習ったから，それで確認してみればいいんじゃない？」という「収束的な問い」が子どもたちの中から出てきました。

　この問いを皮切りに，「どのような場所を観察してみようか？」「土の中？　海水？　川の水？　水道水は？」といった方法に目が向くようになりました。

　微生物は非常に小さいだろうから，捕まえる方法を考えなくてはならないことに気づいた子どもたちは，「ペットボトルを半分に切り，口の部分に網を張って川の水を注ごう」という，より具体的な方法を提案し出します。網目の大きさにも注目し，キッチンにある生ゴミを入れるネットを使うことを考えます。また，1枚だと下に流れて行ってしまいそうだから2枚にする必要があるのではないかという意見にみんなが賛同しました。

　収束的な問いが落ち着いたところで，疑問が敷き詰められた板書を一度写真に写し，電子黒板で投影しながら，子どもたちと方法を整理し，次回の観察実験に備えました。

（3）　非常に高い意欲をもった，自立的・主体的な活動が実現

　観察実験の際には，自分たちで考えた方法をもとに，各自が必要なものを準備し，率先して参加する姿がみられました。どのような微生物がどこにいる可能性があるのかを事前に調べておき，実際に見えたものを調べてきたノートと照らし合わせながらスケッチしていました。

　これまでの授業についても，子どもが主体と考えていてはいたものの，どこか誘導的な質問が多く，答えをどのようにすれば子どもたちから引き出せるのかと考えていました。今回の授業で私がしていたことは系統的にまとめた板書をし，方法を整理し，学校側として何ができて，何ができないかのラインを示してあげたことくらいでした。子どもたち自らが考えた方法であったことから，実験に対する意欲も非常に高く，主体的に活動する姿がみられました。

149

■授業展開例

・導入：顕微鏡で見たことのある微生物についてふれる。問い創りを行うことを伝え，ルールを確認する。

・不思議のタネを提示する。

・疑問に思うこと，知りたいと感じることを発表する。

・創った問いに優先順位をつけて，とても知りたいと思うものを三つ選ぶ。

・どのようにすれば疑問が解決できるのか，より具体的な観察実験方法を考える。

・観察実験方法をノートにまとめる。

・次回までに必要な道具を確認し，だれが準備するか班の中で役割分担を決める。

	授業の流れ（T教師／S生徒）	備考（補足と解説）
耕し	**1．導入** T 「みなさんは，顕微鏡でどんなものを見たことがありますか？」 S 「ミジンコとミカヅキモ」 　「ゾウリムシやミドリムシもみたことがある！」 T 「なるほど。ミジンコやゾウリムシはどこにいるのかな？」 S 「小学校の池の水や池の中のぬるぬるした石だと思います」 T 「池の水や石に付いているということですね」 T 「では，これから問いを創る授業を行います。まず，ルールの確認を行いましょう（略）」	●微生物について，知っていることを発表する。 ●ルールについては54ページ参照。
種まき	**2．不思議のタネを提示する** T 「不思議のタネはこれです。みんなで読みましょう」 S 「微生物はどこにでもいる」 　「え～，ほんとうに？」	●不思議のタネを板書する。
発芽	**3．問いを創る** T 「疑問に思うことや知りたいこと，不思議だなと思うこと，何でもいいので，自分の頭に浮かんだ問いを挙手して，発表してください」 S 「微生物って何？」「ほんとうにどこにでもいるの？」「どうやったら確認できるの？」など。	●疑問は何でも発表できるという雰囲気をつくる。 ●板書で系統的にまとめることにより，クラスでまとめる際に疑問の中でも抽象度の高いものが選ばれる傾向にある。
	4．問いを絞る T 「次に，みなさんから出た問いの中から，自分たちがとても知りたいと思うものを班で話し合い，優先順位をつけてください。選んだ問いがほんとうに知りたいことを知るため	

150

第6章　子どもの言葉で問いを創る授業　実践事例集

苗選び	の問いになっているかよく考えましょう」 S　（優先順位をつける） T　「次に，選んだ三つを班ごとに発表してもらいます」 S　（班ごとに発表） T　「では，クラスとして三つに絞りましょう」 S　（全体の話し合いで三つに絞る） S　「微生物って何？」「ほんとうにどこにでもいるの？」「どうやって確認するの？」 T　「この三つに絞られましたね」	●問いの価値を検討する （60ページ参照）。 ●班ごとに出た三つの問いを，系統的に板書する。
開花	5．問いを使う T　「では，この問いを，実際にどのように調べたり，確認していけばよいかを考えて発表しましょう」 S　「微生物って何？」→「インターネットや図書館で調べ学習を行う」 S　「ほんとうにどこにでもいるの？」→「調べる場所を列挙し，各班でどこを調べたいか決める」 S　「どうやって確認するの？」→「捕まえ方や捕まえた後プレパラートに移すまでの具体的な方法を考える」	
実り→新しい種	6．まとめ（ふりかえり） T　「次回の観察実験に向けて，方法内容を具体的にノートに書きましょう。また，今日の感想・思ったことをふりかえり用紙に書きましょう」 S　（ノートと用紙に記入する）	

編者のコメント

　「微生物」——子どもたちにとって聞いたことはあっても実際はよく理解していない言葉でしょう。シンプルな不思議のタネを使うことで，「そもそも微生物って」という素朴な疑問から始まっています。「どうやって確認するの？」という疑問に，前時の既習の事柄を問題の解決に結びつける子どもの発言があります。自分たちの問いを，どのようにすれば確かめられるのか，その方法や必要な道具について自分たちで考えて実際に調べていく——。子どもたちは，理科に限らずほかのことにも用いることのできる探究のプロセスを学んでいます。〔石黒〕

中学校2年生／英語科／単元：Her Dream Came True

写真：開隆堂『中学校英語 SUNSHINE ENGLISH COURSE 2年』より

　不思議のタネの写真とタイトルを与えることで，物語がどのように広がっていくのかを考えることができ，英語の長文読解が苦手な生徒も興味をもって内容を読み進めることができるのではないかと考えました。

■この学習で獲得させたいもの

知識・技能……まとまりのある文章（英文）を，物語の展開を理解しながら読み進める。

思考力・判断力・表現力……主人公の心情を感謝の手紙として書く。

〔子どもが考えた問いの例〕　※下線は三つに絞られた「知りたい問い」

- <u>Why is she holding a stuffed animal?</u>
- How old is she?
- <u>What is her dream?</u>
- Is she dead?
- What is her name?
- <u>How did her dream come true?</u>
- Why is she smiling?
- What is the name of the stuffed animal?
- Where does she live?

■授業の実際

（1）　授業の流れ：不思議のタネで興味・関心を高めて，長文読解の授業へつなげる

　Warm upの活動では，「What is your dram?」という題でsmall chatを取り入れました。子どもたちはすでに2学期末に「こんな人になりたい」というタイトルでスピーチをしていたので，それを思い出しながらお互いの夢や将来のことについて語っていました。

　次に，不思議のタネである「Her Dream Came True」という文字と写真を提示しました。

　不思議のタネは，子どもたちに興味・関心をもたせ，授業にひきこもうという意図で考えたもので

すが，案の定，生徒たちは，「この女の子はだれ？」「なんでぬいぐるみを持っているの？」「Her Dream Came True ——彼女の夢は何だろう？」などと興味をもち，期待感を高めた状態で，授業に入ることができました。

　授業の展開としては，まず個人でできるだけ多くの問いを考えさせました。その後，グループになり，お互いの問いを共有し，次に英語で問いを考えるという順に進みました。グループで出し合った問いの中で一つだけ選び，発表させました。その後，クラス全体で共有，英訳を行いました。

　子どもたちから出された九つの問いを板書したあとは，本文に記載されていて答えが導き出せる問い，写真から読み取れる問いの分別を行いました。例えば今回の例では，「How old is she?」という問いに関しては，不思議のタネで提示した絵を見ることで，「制服を着ている，中学校の教科書なんだから中学生やろ」といった意見が出ました。

　問いを絞った後は，ワークシートを配布し，本文から答えを探すように指示をし，本文の読み取り活動に移りました。

（2）　本授業のねらいと成果：長文読解の苦手意識が薄らぐ

　英語の授業では，長文読解に苦手意識をもっている生徒が多いものです。この苦手意識を克服する方法の一つとして，今回，問い創りを授業に取り入れました。

　この単元の本文は全部で263の単語から成り，なんの下準備もなしに，「さぁ，本文を読んでみよう」と生徒に投げかけても，多くの生徒が嫌になり，内容を理解するのも困難だったように思います。しかし，不思議のタネをもとに問いを考えたことにより，「知りたい，わかりたい」という思いが生徒から出てきて，どの生徒も必死に答えの部分を探し，何かしらワークシートに答えを書いていました。英語の長文を読むときには，背景の知識をもっていると内容理解がしやすくなります。高校入試などの際には，さきに問いに目を通して何を問われているのかの目星をつけてから，本文を読み進めることが非常に重要になります。

　これまでは，長文に苦手意識をもっていた生徒も，自分で問いを考えたり，友達の問いを参考にしたりと，自我関与をしたおかげで，意欲的に本文が読めていたように思えます。

（3）　授業後の生徒の感想：「あきらめずに読むことができた」

　今回，不思議のタネを使って授業をしたことで，前もって内容を想像する，答えを探しながら読むということによって，slow learner の授業に取り組む姿勢がよくなったように感じました。授業を終えた後の生徒のふりかえりを見ると，「いつもは嫌に感じる長文も，今日みたいに自分たちで考えた問いを探すようにすると，あきらめずに読むことができた」といった内容が書かれていました。

　今回は生徒の関心を高める不思議のタネで，表面的な内容の答えを探す問いでした。今後として，主人公の心情に迫るような不思議のタネを準備し，単元 Goal に近づいていけるように考えていく必要があると感じています。

■授業展開例

・ペアで What is your dream? という題についてチャットをする。問い創りを行う旨を伝え，ルールの確認を行う。

・不思議のタネを提示する。

・個人で問いを考える。

・グループで問いの共有，英訳する。

・クラス全体での共有，問いを絞る。

・本文を読み，答えを探す。

・ワークシートにふりかえりを記入する。

		授業の流れ（T 教師／S 生徒）	備考（補足と解説）
耕し	**1．導入**		
	(1)　夢や将来について，ペアでチャットを行う		●夢・将来のことについて考えさせ，自分と同じ年代の主人公の夢について，終盤に振り返らせる。
	T　Today's theme is "What is your dream?".		
	S　My dream is to be a singer. I want to be a person like Kyary Pamyu Pamyu.		
	(2)　問い創りの導入		●ルールについては54ページ参照。
	T　「では，これから問い創りの授業を行います。まずルールを確認しましょう（略）」		
種まき	**2．不思議のタネを提示する**		
	T　タイトルと写真を黒板に提示する。		●不思議のタネを提示する。
	S　「Dream Came True って何？」		
	「この女の人はだれ？」		
	「なんで人形を持ってるの？」		
発芽	**3．問いを創る**		
	(1)　個人で問いを創る		●できるだけたくさん問いを書かせる。「疑問詞を使うと問いが創ることができる」と助言する。
	S　「何歳かな？」「何ていう名前かな？」「生きているのかな？」「どんな夢を持っているかな？」など。		
	(2)　グループで問いの共有，英訳を行う		●グループでは，問いの共有，英訳を行わせる。
	S　「何歳かな？ は，How old is she?」		
	S　「何ていう名前かな？ は，What is her name?」		
苗選び	**4．問いを絞る**		
	クラス全体で問いを共有し，問いを絞る。		●グループごとに発表し，出た問いを板書する。
	・Why is she holding a stuffed animal?		
	・How old is she?		

154

第6章　子どもの言葉で問いを創る授業　実践事例集

	・What is her dream? ・Is she dead? ・What is her name? ・How did her dream come true? ・Why is she smiling? ・What is the name of the stuffed animal? ・Where does she live?	●内容理解するうえで重要な問いに下線を引く。
開花	**5．問いを使う** ──質問に対して答えを探す (1)　生徒は本文を読み，問いに対して，答えを探す S　（問いの答えを探し，ワークシートに記入する） (2)　グループで学び合い S　「彼女の夢は，ぬいぐるみを使い，お父さんができなかった世界一周をすることやったのやね」 S　「そうそう。きっとこの写真は世界一周して手元に返ってきたから，笑っているんよね」	●ワークシートを配布する。 ●グループにし，学び合い，答え合わせを行う。
実り→新しい種	**6．まとめ（ふりかえり）** T　「文を最後まで読むことができたか，主人公の心情にしたがって文章を読めたか，本時で学んだことをワークシートに記入しましょう」 S　「いつもは嫌に感じる長文も，今日みたいに自分たちで考えた質問を探すようにすると，最後まで読むことができた」	●ワークシートにふりかえりを書かせる。

編者のコメント

　自分たちと同年代の少女の写真とセットで不思議のタネを示すことで子どもたちの好奇心を高めています。子どもたちは，「この子はなぜ笑っているのか」「どうしてぬいぐるみを持っているのか」など，自らの疑問を解決するために目的をもって英文を読みます。これは与えられた英文を読むのとは違ってきます。知りたいことのヒントを探しながら英文を読み，考え，想像します。ここには無意識のうちに自問自答があります。英文を読んで自分の疑問が解決したときの喜びは次の意欲につながります。目的をもって文を読むことは英語に限らず大切なことであり，学びの基本の一つです。〔石黒〕

中学校2年生／学級活動

不思議のタネ

⑮「私たちの中学校では，授業開始の2分前に着席すると成績が伸びた」

吉本恭子（高知市立城西中学校校長）

　当初，不思議のタネの文末は「〜というきまりがある」としました。検討を重ねるなかで，これでは問いが考えにくく，子どもたちがワクワクしないと思い，「成績が伸びた」という事実に差し替えました。これにより，子どもたちの興味・関心を高めることができました。続いて，自分たちの創った問いについて考えることで，きまりを守ることを自分事として考えることができる結果につながったと思います。

■この学習で獲得させたいもの

知識・技能……きまりの意義を理解する。そのよりよいあり方について考える。

思考力・判断力・表現力……一人一人が，自分の考えた問いを出すことで自由な発想を育み，発散思考のトレーニングとなる。問いを考える作業は，自分の価値観に照らし合わせて行うものであり，自己決定感を育むことができる。

〔子どもが考えた問いの例〕　※下線は三つに絞られた「知りたい問い」

□どうして2分前着席をするのか？

□2分前着席と成績とは，どのような関係があるか？

□なぜ2分前に着席すると成績が伸びるのか？

□そもそも「2分前に着席する」と「成績が伸びる」は関係があるか？

□どうして私たちの中学校だけ，2分前に座ると成績が伸びるのか？

□2分前着席をすると，成績が伸びる以外にどんないいことがあるのか？

□2分前に着席するのとしないのとでは，どう変わるのか？

□成績が伸びたというのは人それぞれなのに，なぜそんなことがわかるのか？

□なぜ2分前なのか？　1分と何が違うのか？

□どこの学校も同じルールなのか？

□何で貴重な休み時間を奪うのか？

156

第6章　子どもの言葉で問いを創る授業　実践事例集

■授業の実際

（1）　興味・関心を高めることができる不思議のタネを

　中学校の多くは，ベルが鳴る前に自分の席に着き，学習の用意をして授業の開始を待つというきまりがあります。「きまりは自分たちの生活を拘束するものではなく，自分自身や他者の生活や権利を守るためにあり，自分たちの学校生活をより安定的なものにするものであること」に意識を向けてほしいと思い，この授業を行いました。

　授業者は「きまりは守りましょう」という発言はしていません。しかし，「私たちの中学校では，授業開始の2分前に着席すると成績が伸びた」という不思議のタネを提示した瞬間に「え〜？」「うそ〜？」など不思議ワードが連発され，子どもたちの関心は高まりました。問いを創り，その答えを考えるなかでは，どの答えにもきまりを守ることの意義に言及したものがみられました。

　授業のねらいに子どもたちの思考をもっていくには，不思議のタネに何をもってくるのかがとても重要だと感じました。子どもたちが不思議のタネから，私たち教師が思いもよらない問いを出してくれるような工夫が求められると思います。

（2）　自分たちが創った問いだからこそ，きまりを守ることの重要性を実感

　問いを創る授業は初めてで，最初は悩んでいる生徒もいましたが，たくさんの問いを出してほしかったので，考える時間を長くとりました。普段の授業では，考えることをすぐにあきらめて答えを知りたがる生徒が多いのですが，本授業では正解はなくどんな問いや答えも大切に扱われるので，考えることの苦手な生徒も最後まで飽くことなく考え続けていました。生徒は普段，正解を求められる授業を受け続けることで，間違いを恐れて考えることをあきらめ，自信がなくなってしまうという負の連鎖が起きていたことに，私たち教師が気づかされました。ほかの授業では机に突っ伏している生徒も，本授業では主役のように輝いていました。

（3）　絞られた三つの問いと子どもたちが考えた答えの例

　一つ目の問い　2分前に着席すると，成績が伸びる以外にどんないいことがあるのか？

　時間を守ることができて，余裕が生まれる。／2分間で心を落ち着かせ，授業と休み時間の切りかえができる。／切りかえをすることで騒ぐことなく落ち着いて授業を受けることができ，クラス全体にもいい空気が流れると思う。／2分間で集中し，そのまま授業を受けることができるから。／授業が始まる2分前に着席して，授業の準備をしたり，心を落ち着かせたりする。

　二つ目の問い　なぜ2分前なのか，1分と何が違うのか？

　休み時間と授業のけじめをつけやすい時間。／1分だと短い。2分以上だと長すぎる。2分がちょうどよいと思ったから。／休み時間があまり減らないぐらいの時間だから。／人間が集中できるようにするための時間が2分間。／人間は2分前着席で，頭が働きやすくなるからかもしれない。／2分前に座ることで，先生もやる気が出てよい授業ができる。

157

三つ目の問い　なぜ２分前に着席すると成績が伸びるのか？

　勉強（授業）に集中できるから。／授業開始前に落ち着いた雰囲気をつくることができるから。／授業の準備ができるから。／授業が時間どおりに始められるから。／余裕をもって始められるので最初から先生の話を聞ける。／心の準備ってやつやん。／先生にもやる気が伝わって，先生も授業をしっかりやろうという気持ちになるから。／心を落ち着かせて授業を受けられるから。

■授業展開例

・導入：アンケート結果を提示する。問い創りを行う旨を伝え，ルールを確認する。

・不思議のタネを提示する。

・個人で問いを考えて付箋に書き，グループで出し合う。

・出された問いを「閉じた質問」と「開いた質問」に分類する。

・グループで一つ問いを選び，ホワイトボードに記入する。

・グループで選んだ問いの答えを個人で考え，付箋に記入し，ホワイトボードに貼る。順番に考えた答えを発表し，そう考えた理由をグループで質疑応答をして伝え合う。

・ほかのグループがどんなことを書いているのか，見て回る。

・ワークシートに感想を記入する。

	授業の流れ（Ｔ教師／Ｓ生徒）	備考（補足と解説）
耕し	1．導入 Ｔ　「５月に実施したアンケートの結果，〇〇中学校の生徒はきまりを守る意識が高いという結果でした」 Ｔ　「次のルールを守って問いを考えてください（略）」	●アンケート結果からきまりに対する意識を高める。 ●ルールは54ページ参照。
種まき	2．不思議のタネを提示する Ｔ　「不思議のタネはこれです。『私たちの中学校では授業開始の２分前に着席すると成績が伸びた』」 Ｓ　「え〜，ほんとうに？」「うそでしょう？」	●不思議のタネを黒板に大きく貼り出す。
発芽	3．問いを創る Ｔ　「では，この不思議のタネから思いついた問いを，各自，付箋に書き出していきましょう」 Ｓ　（各自，付箋に書き出す） Ｔ　「次に，グループで発表し合います。一人ずつ創った問いを発表し，机の中央のワークシートに付箋を貼っていきましょう」 Ｓ　「なぜ２分前なのか」→「２分前に着席して何をするのか」→「なぜ２分前に着席すると成績が伸びるのか？」→「２分前に着席すると成績が伸びる以外にどんないいことがあるのか？」→「２分前に着席するのとしないのとでは，ど	●自由な発想を保障するため教師は問いの例をあげない。ルールが守られていない場合は声をかける。

158

第 6 章　子どもの言葉で問いを創る授業　実践事例集

	う変わるの？」など。 T　「では，閉じた質問と開いた質問に分類しましょう」 S　「そもそも 2 分前に着席すると成績が伸びるは関係があるか？ は……」→「閉じた質問かな」（略）	
苗選び	**4．問いを絞る** T　「問いの中から一番考えたいと思うものをグループで一つ選び，ホワイトボードに書きましょう。その際に，選んだこの問いが，自分の知りたいことを導く問いになっているか確認しましょう」 S　「『そもそも 2 分前に着席すると成績が伸びるは関係があるか？』が，はい・いいえで終わってしまうとすると，書き直したほうがいいと思う」→「じゃあ，『2 分前着席と成績とは，どのような関係があるか？』は？」→「それだと理由を聞いていることになるね」→「そうしよう」	●ここでは一つに絞る。 ●グループごとにミニホワイドボードに記入する。 ●問いの検討については60ページ参照。
開花	**5．問いを使う** T　「各自で問いの答えを考えて付箋に記入します」 S　（各自，考えて記入する） T　「答えを順番に発表し，どうしてそう考えたのかグループで質疑応答をしましょう」 S　（グループで話し合う） T　「教室の中を自由に歩いて，ほかのグループの選んだ問いとその答えを見て回りましょう」 S　（ほかのグループの問いを見て周る）	●グループごとに，問いについて話し合う。 ●グループを周り，いろいろな考えにふれる。
実り→新しい種	**6．まとめ（ふりかえり）** T　「今日の授業で，感じたこと考えたことをワークシートに書きましょう」 S　「いつもは先生から問いを出されて答えるという授業だけど，今日は自分たちで問いを考えるという新しいやり方だったので新鮮だった」（同様の感想多数）	●個別に記入する。

編者のコメント

　不思議のタネの文末を「〜と成績が伸びた」に変えただけで，子どもたちがワクワクする内容へとシフトしました。また，この不思議のタネには二つの自我関与がはたらいています。一つは，自分で創った問いは自分を大切に思うのと同じくらい大切に思うという自我関与，もう一つは，その問いに対し自分なりの答えを見つけるという自我関与です。その結果，すべての生徒が自ら授業開始 2 分前には着席するようになったというから不思議です。〔鹿嶋〕

編著者に聞く！

「子どもの言葉で問いを創る授業」がもたらすものは何ですか？

対談Ⅱ　鹿嶋真弓×石黒康夫

　対談Ⅰ（2ページ参照）に続き対談Ⅱでは，両氏の幼少期・青年期の体験，中学校教員時代のエピソードから，「子どもの言葉で問いを創る授業」につながる教育観，本授業がもたらすものについてお聞きしました。

――鹿嶋先生は中学校の理科の先生でしたが，幼少期から自然や科学に興味がありましたか？

鹿嶋　還暦間近の私が，いまもこうしてワクワクしていられるのは，好奇心旺盛だからなのだと思います。小さいころからいろいろなことが気になりました。いつも「なぜ？　なぜ？」と不思議なことやものを見つけては，ああかな？　こうかな？　と考えていました。

　小学生のころ，懐中電灯の光はどこまで届くのか，夜な夜な実験をしました。前の家の塀には光が届く，その先の家の2階の壁にも……届くってことは，月に向けたら届くはず。この光に宇宙人が気づいたら，私がここにいることがばれちゃう。怖いけど試そう（笑）。でもこの光，ほんとうに月まで届くのかな？　懐中電灯を切ったりつけたりしたら，スイッチONにした間に放たれる光が筋になって，途切れ途切れのまま宇宙空間を移動するの？　と，夜空に向かって懐中電灯

のON・OFFを繰り返し，宇宙空間に光を送り続けていました。

――「不思議大好き少女」だったのですね。石黒先生は子どものころ，どんなことに興味がありましたか？

石黒　僕は中学校の数学の教師でしたが，子どものころは理科が好きでした。趣味はアマチュア無線や電子工作で，秋葉原で部品を買っていろいろ創りました。18歳のとき，日本初のコンピュータキットが発売されて，10万円貯めて購入し，組み立てて，飾りました。プログラミングする必要があることを知らなかったから動かなかった（笑）。その後，プログラミングを勉強して動くようになりました。

　いまは，1個500円ほどの小さなワンブロックコンピュータを100個くらいつないでスーパーコンピュータを創り，AIを動かしたいです。でも効率は悪いかもしれませんね。

鹿嶋　石黒さんも私も，いまだに好奇心旺盛なのですが，子どもは，「何，これ？」と，いろんなことを知りたがるもの。この知りたい欲求が学びのもとになります。先生方には，「子どもの発想を止めないで」とお願いしたいです。フツフツとわき出る思いや個々

対談II 「子どもの言葉で問いを創る授業」がもたらすものは何ですか？

の子ども独特の面白い発想を、「それは違うでしょ！」と切り捨てないでほしい。「へぇ～、そう考えたんだ。どうして？」と教師が紡いでいけば、いままでつながらなかった思考回路がつながっていきます。教師が「突拍子もないことを」と思っていた子どもが、ほんとうはすごいことを言っているのかもしれない。いままでは脇道にそれてしまった子どもの枝葉を切り捨ててポイントだけを教える教育が主流でした。でも切り捨てていた部分に、考えていく際に思考回路をつなげるための大切なものがあったのではと思います。

石黒 教師が知らないこともたくさんありますよね。それを恥じないでオープンにすること。教師が知らなくて子どもが知っていることもあるわけですから、「何それ、教えて」と逆に子どもに聞くのです。

鹿嶋 教え子が教師を超えていく「出藍の誉れ」になるには、教師が知らないことを子どもが知りたいとき、どうすれば知ることができるかを子どもと一緒に考えることです。

石黒 あと、幼少期は不思議だな～と思った物は分解したくなるし、後先考えず危ないこともしますよね。僕も分解した電池をつないで火花を飛ばしたことがありますし、もっと危ないこともしました。小学生のころ、アパートの一室で友達と遊んでいて、カバーがはずれた電気プラグに何気なく触ったらビリビリして。でも大丈夫だったから友達に「来て」と言って手をつないだら手が離れなくなって……何人も手をつないでいって最後の子が鉄の門につかまり「来た人が離れなくなる」と

いう遊びをしました。後から考えるとほんとうに危険で、死ななくてよかったなと（笑）。

鹿嶋 石黒さんのような危ないことはまずいけれど（笑）、いまの子どもたちは、あれはダメこれもダメ、と最初から失敗しないようがんじがらめにされて転ばぬ先の杖だらけで、転ぶ経験さえ許されない状態だと思うのです。

石黒 転ぶこと、失敗から学ぶことはすごく多いもの。そもそも学問は失敗から発達してきたわけで、そこを大事にしたいですね。

—— 「子どもの言葉で問いを創る授業」では、教師は促進者であり見守るのが基本姿勢ですが、子どもに失敗させるのが怖いと思われる先生もいると思います。例えば、あさがおの実践（14ページ参照）では、日陰に鉢を置く子どもを教師は見守るわけですが、自分のあさがおが咲かないことでショックを受ける子どもが出てくるのでは、と思いますが。

鹿嶋 ある先生はそれを見越して、職員室であさがおを余分に何鉢か育て、咲かなかった子どもに、「咲かなくて残念だね。これは私からのプレゼント。これで夏休みに観察してね」と言って鉢を手渡しているそうです。私も理科の実験では、子どもの失敗をあれこれと予測して、いろいろなものを白衣のポケッ

トに入れていました。実験に失敗し再実験を行うために試薬を取りに来た子どもにポケットから出して渡すと、「ドラえもんのポケットみたい」と言われたことがありました。

石黒 失敗から学ぶことの大切さを伝えることも重要です。全員が成功したら知らずに通過してしまう。だれかが失敗してくれたおかげでわかることがあるということです。

それから、僕と鹿嶋さんの恩師、國分康孝先生は、「相手が小さな子どもでも、人生には自分の思いどおりにならないことがあると、人生の事実にコンフロント（対決）させることが大切だ」とおっしゃっています。「そのために、『私もこんな失敗をしたんだよ』と、教師は自分の失敗談や人生哲学を自己開示する勇気をもたねばならない」と。

鹿嶋 あとは認め合える環境づくり。構成的グループエンカウンターを行うなど、日常から学級の状態をよくしておくことも大切です。

——お二人は中学校教員時代の授業では、どんな工夫をされていましたか？

石黒 数学は、式で解けなくても図形にすると、図形を操作することで解けることがあります。事象を事象だけでとらえずに、いろいろな形に変えることで扱いやすくする、といった面白さがあると思います。

授業の工夫としては、例えば、中学生の多くは食塩水の問題が苦手です。食塩水の重さと含まれる食塩の重さを考えて連立方程式にするのですが、割合の考え方が苦手で式が作れない。わかりやすくするために、水に溶けて見えない塩を可視化しました。「これが食塩ね」と言って水槽にカラーボールをポンと入れる。「水の重さと塩（ボール）の重さを一緒にしたのが食塩水の重さ。これをそれぞれ式で表すんだよ」と。あとは、確率の考え方を椅子取りゲームで教えたこともあります。子どもにはわかりやすかったようです。

実物や体感をヒントに考えるきっかけが得られれば、発想の仕方に気づく。言語化はできなくても体験として学ぶのです。

鹿嶋 実物を見せる、体感させることは授業の基本。見る・触る・感じることで実感が伴います。私はこれまで出合ったたくさんの不思議を題材に、その面白さを生徒に伝えてきました。自然界にはたくさんの不思議があって、不思議の数だけサイエンスがあります。こ

——教師は「ドラえもんのポケット」を持ち、準備万端整えながら、子どもの失敗を見守ることも大切です（鹿嶋）

対談Ⅱ 「子どもの言葉で問いを創る授業」がもたらすものは何ですか？

──実物をヒントに考えるきっかけが得られれば，発想の仕方に気づく。体験として学ぶのです（石黒）

の面白さを体感できるよう工夫しました。

「地球と月と太陽の関係」では，子どもに役を割り当てました。太陽役の子の周りを月役と地球役の子がグルグルと回るのです。地球役の子は自分も回りながら太陽の周りを回ることで，三者の関係を実感できます。

特に動機づけは工夫しました。面白グッズを買って，よく導入に活用しました。光の屈折では，「空中に浮く10円玉」を見せました。10円玉を取ろうとしても取れない。覗くと下にある。ホログラムなのですが，「なぜ下にあるものが上にあるように見えるのか，それを知るために学習していきましょう」と。

──お二人は，同じ中学校に勤務されていたとき，合科授業をしたことがあるとか。

石黒 僕は覚えていないんです（笑）。

鹿嶋 私は覚えていますよ（笑）。あるとき，理科と数学で合科授業をやろうということになりました。予想し，仮説を立て，実験を行い，データを取り，そのデータをグラフに描いて，結果をもとに考察する，といった一連の流れを，3年生の自由落下を題材に行ったのです。校舎の3階から実際に物を落として実験しました。子どもたちには，「石黒先生と一緒に特別な授業をやります」と言い，「特別な時間と空間づくり」をすることでモチベーションがあがり，おのずと成果もあがりました。

──体感を伴う子ども主体の授業，自由度の高い授業，横断的授業を行っていたお二人ですが，子どもに育てる力の観点はどこに置かれましたか？

石黒 数学の授業で，図形の証明問題を子どもたちに解かせていたときのことです。机間巡視中，マツバくんという子に「補助線をひいてごらん，僕がちょっと回ってくる間に」と言ったんです。そう言ったら普通は教室を一周するけれど，僕はその場でくるっと回転して，「はい回ってきたよ。ほら補助線ひいて」と冗談で言ったんですよ。するとその子は，ノートからはみ出して机の上にまで補助線を引いたんです。普通なら怒るところだと思いますが，「なるほどノートの上に書かなければいけないことはないな」と，その発想が面白いと思いました。枠にとらわれたらそれ以上にはならない。ダメでも無駄になって

――枠にとらわれたらそれ以上にはならない。ダメでも無駄になっても
　はずれて考えてみると，いいものができるかもしれません（石黒）

も，はずれて考えてみると，もしかしたらいいものができるかもしれません。

鹿嶋　学問を追究するというより，思考回路を育てるということですよね。

石黒　学者になるなら学問の追究も大切。でも普通に社会に出たとき，とんでもないもの同士を結びつけるといった発想の豊かさから仕事のアイデアも出るのでは，と思うのです。AIが進歩するなか，大方は機械が行いますが，例えばロケット先端の製作は機械にはできない。職人さんが叩いて創っているのです。最後に残るのは発想や職人技なのだと思います。

鹿嶋　それが文科省のいうキー・コンピテンシーでしょう。個々の子どもの資質・能力が教師とのかかわりのなかでわかってくれば，子どもの自尊心を伸ばすことができます。これこそAIではなく，人間にしかなし得ないことではないでしょうか。

　私が作るテストは独特で，勉強が得意と勘違いしている子，つまり答えだけしか知らない子どもは解けなくて，答えはわからないけれど考えようとしている子どもの点が高くなる試験問題を考えるのが好きでした。

　例えば，「身の回りの事物現象であなたが不思議だなぁ～と思っていることを一つ書き，その不思議について5歳くらいの子どもがわかるように，自分の言葉で説明せよ」という問題を出しました。暗記で知識をもっている子どもは，なぜ夕日が赤いか，なぜ空は青いかといったことなどは本で読んで知っているから，不思議だと思うことはほとんどないため書けません。いっぽう，暗記中心の勉強が苦手でも不思議なことがたくさんある子どもは書けるのです。面白かったのが「お味噌汁に浮いているネギは，なぜお椀を回しても向こう側に行かないか」についての解答です。

　「私はお味噌汁の具のネギが飲みたくないからお椀を回しますが，ネギは向こう側に行きません。なぜお椀を回しても中の具は動かないのか不思議です。でも，バナナパフェは，器の反対側にあるバナナを食べようと器を回すとこちらに来ます。パフェとお味噌汁の違いは固体と液体の違い？　だから液体の中のネギは向こうに行かないのかなーと思いました」――答えはこれで終わっていましたが，その子なりに一生懸命考えています。摩擦係数という言葉は出てきませんでしたが，不思議だなと思うことがあって，自分なりの考えで解き明かそうとする。身近な事例を見つけ，対比させて考えていく。この発想は面白いと思いました。

対談II 「子どもの言葉で問いを創る授業」がもたらすものは何ですか？

——「子どもの言葉で問いを創る授業」の原点ともいえる授業を，20年以上も前からお二人とも大切に実践されていたのですね。では，「子どもの言葉で問いを創る授業」との違いはどこにありますか？

石黒 私たちが行っていた授業でも，子どもの主体性や独自性を大切にしてきました。しかし授業の多くは，教師の発問から始まっていた。ここが決定的な違いです。教師の発問から子どもの言葉で問いを創るという大転回で，真に子ども主体の授業となります。

子どもが自分で問いを創り，問いを絞る作業を通して，「自分がほんとうに知りたいことは何か」を知ります。選ばれた問いは，自我関与の産物。自分の宝物です。教師から与えられたものとは思い入れが違う。おのずと取り組み方も違ってくるでしょう。知りたい欲求が継続すると，ほかのものにも及びます。

鹿嶋 人と対話するなかで「面白いね」「そう考えると不思議だよね」など，グループで問いを創ることによる広がりもあります。

石黒 認め合いが生まれ，相手を尊重する態度が身につきます。話し合いのなかで人に認めてもらうと自分のことも認められるようになり，自尊感情も高まります。他者の話を聞いて自分の考え方を修正・拡大するなど，認知的思考も促進されるでしょう。

鹿嶋 最初の課題を調べていくと次の課題が出てくる。それを調べていくとまた課題が出てくる。探究の深まりが起こります。

さきほどの事例では，「バナナパフェは固体で味噌汁は液体だから」という「もう一歩」のところで終わっていましたが，本授業によって自らの問いが自我関与の産物となれば，自分との対話，仲間との対話のなかで思考が促進され，素朴な疑問を解明しようと自ら学習し，科学的な理解へ，「もっと先」の探究へとつながっていくと思います。

そして，子どもの言葉で問いを創る授業がもたらすものは，子どもたちの変化だけではないはずです。不思議のタネをまき，芽がたくさん出て（問いを創る），育てたい芽を選び（問いを絞る），花を咲かせ（活用法を得る），ふりかえる（実り，新しい種ができる）。この一連の循環が軌道にのってきたときのことを想像すると，私にはこんな光景が目に浮かぶのです。「今日の授業では，子どもたちからどんな問いが飛び出すだろう」「私を超えてくれる子どもに今日，出逢えるかもしれない」——それは，教室のドアに手をかけながら，ワクワクしている先生方の姿です。

——**教師は，課題を追究する子どもたちの促進者となり，一緒にワクワクしながら最高に楽しい授業を！（鹿嶋）**

◆ 参考文献一覧（順不同）

ダン・ロススティン，ルース・サンタナ著，吉田新一郎訳（2015）『たった一つを変えるだけ：クラスも教師も自立する「質問づくり」』新評論

イアン・レズリー著，須川綾子訳（2016）『子どもは40000回質問する：あなたの人生を創る「好奇心」の驚くべき力』光文社

大澤真幸（1999）『行為の代数学：スペンサー＝ブラウンから社会システム論へ』青土社

茂木健一郎（2016）『最高の結果を引き出す質問力：その問い方が，脳を変える！』河出書房新社，

グレゴリー・ベイトソン著，佐藤良明訳（2000）『精神の生態学』新思索社

野村直樹（2008）『やさしいベイトソン：コミュニケーション理論を学ぼう！』金剛出版

國分康孝・大友秀人（2001）『授業に生かすカウンセリング』誠信書房

國分康孝・國分久子総編集（2004）『構成的グループエンカウンター事典』図書文化

奈須正裕・諸富祥彦（2011）『答えなき時代を生き抜く子どもの育成』図書文化

C. ファデル，M. ビアリック，B. トリリング著，岸学監訳，関口貴裕・細川太輔編訳，東京学芸大学次世代教育研究推進機構訳（2016）『21世紀の学習者と教育の４つの次元：知識，スキル，人間性，そしてメタ学習』北大路書房

名古谷隆彦（2017）『質問する，問い返す：主体的に学ぶということ』岩波ジュニア新書

佐伯胖（1975）『「学び」の構造』東洋館出版社

文部科学省（2017）『小学校学習指導要領解説：総則編（平成29年告示）』

文部科学省（2017）『中学校学習指導要領解説：総則編（平成29年告示）』

「子どもの言葉で問いを創る授業」
研修会・講習会に参加しませんか

　本書を読まれた先生方はぜひ，「子どもの言葉で問いを創る授業」にチャレンジしてください。しかし，実践するなかで，進め方や対応の仕方，まとめ方の実際について，「こういう場合は，どうしたらいいのだろう？」などと，疑問が出てくるかもしれません。あるいは，「実践する前に授業の実際をもっと知りたい」という方もいらっしゃると思います。そういった方々は，私たち（TILA 教育研究所）が主宰する，問いを創る授業に関する研修会・講習会に，ぜひご参加ください。

　研修会の 1 回目は，本授業の基本，不思議のタネの創り方，展開例を示しながら授業の進め方をレクチャーします。2 回目以降は，実践発表と質疑応答を軸にしたブラッシュアップ講座です。※内容は変わる場合があります。詳細は TILA 教育研究所の HP（http://tila.main.jp/）をご覧ください。

「子どもの言葉で問いを創る授業」研修会参加者の感想（一部抜粋）

- 主体的な活動の場が広がる最先端の話だと思いました。文科省のいう「主体的」とは，教員が示す課題に子どもが主体的に取り組むものだと思いますが，今日学んだことは，その問いを子どもが創るのですから驚きです。自分のものにするには時間がかかると思いますが，授業の基礎を身につけたうえで挑戦したいと思います。
- ワクワクすると同時に，自分の頭の固さやこれまでの指導の反省もわき起こりました。子どもたちはもちろんのこと，私たち大人が学び続けることを楽しめるようにしたいと改めて感じました。この研修会では，毎回，心がぐっと動きます。今回も心の中が多方面に動きました。仲間ともシェアしたいと思います。
- 実践発表を聞いて，不思議のタネをどのように創ったらいいのか，子どもたちにどのように提示したらよいのかが，より具体的にわかりました。課題に対して自我関与することの大切さや，何のためにやるのかを明確にすることの大切さを学ぶことができました。また，自分自身の授業を見直す機会となりました。
- 問いを創ること，問い続けることの大切さを感じました。子どもたちにとっても，大人にとっても，日常のさまざまな事柄に自我関与して考えることによって世界は拓け，生涯学ぶことの楽しさを感じることができると思いました。また，そうすることによって幸せな未来を創り出せると思います。

 TILA 教育研究所とは

　本研究所は，教師の技量向上に貢献するため，任意団体として2016年に設立しました（代表：鹿嶋真弓，副代表：石黒康夫，事務局：吉本恭子）。事業内容は，教育に関する調査研究，研修会講師および学校や教育委員会等の教育機関に対する指導助言（コンサルテーション）の実施，研究会の実施，さらに，研究成果の知見を普及するために，全国各地での講習会の開催，教育相談，書籍の発行等を行っています。

　研究所の名称「TILA」は，精神科医・心理療法家 Milton Hyland Erickson 博士（1901–1980）が用いた技法「ユーティライゼーション Utilization：利用・活用（問題の解決に活用できるものは何でも活用するという考え方）」をもじったものです。

あとがき

　最後までお読みいただきありがとうございます。「問いを創る授業」いかがでしたでしょうか？　お読みいただいて，「自分にできるだろうか」とか，「大切なのはわかるけど，やるのは大変そうだ」と思われた方もいるかもしれません。でも，そんなに大げさに考えないでください。本書のもとになっている本のタイトルも『たった一つを変えるだけ』です。大切なのは，私たちが発想を変えることなのだと思います。

　私たち TILA 教育研究所では，ある会議方法を提案しています。解決志向の考え方に基づく会議方法です。私は，この会議を進行する役割に，「カタリスト（Catalyst）」と名づけました。Catalyst は，（重要な変化を）引き起こす人，触媒などという意味です。ファシリテーターでもなく，カウンセラーでもなく，あえてカタリストと名づけました。「変化を起こすこと」は，ブリーフセラピーでは大切な考え方です。ブリーフセラピーでは，相談者が自分の力で問題を解決していけるように，カウンセラーが小さな変化を起こすきっかけをつくります。

　私は，教師もカタリストなのではないかと思っています。子どもは自分の力で成長していきます。成長（変化）のきっかけを与えるのが私たち教師の役割だと思っています。教師は，「教える人」ではなく子どもに「変化を引き起こす人」なのだと思います。哲学者の林竹二氏は，「学んだことの証しはただ一つで，何かが変わることである」（『まなぶということ』国土社）とおっしゃっています。また，「教育が子どもを変える仕事だと言ってよいと思いますが，この変える仕事は，教えるものがまず自分を変えることによってしか成し遂げられないのです」ともおっしゃっています。まず教師である私たちが発想を変えて，授業を変えて，「教える人」から「子どもに変化を引き起こす人」に変わることが大切なのだと思います。

　「問いを創る授業」を行うことで，子どもたちは，「問う力」を身につけます。そして，その次に必要になるのは，「疑問（問い）を確かめる（解明する）力」です。それは，各教科の知識技能や，見方・考え方です。しかし，それは，いままでのように，教師から与えられるものでなく，自らの問いを解決するために必要なものです。いままでとは学ぶ姿勢が変わります。そして，さらにその先にあるのは，「不思議のタネを見つける力」です。子どもたちが，ニュートンのリンゴのように，なにげない日常の場面から，「不思議のタネ」を自分で見つけ，そしてそれを解決していく力が育つのだと考えています。

石黒康夫

本書に興味をもち，読んでくださり，ありがとうございました。子どもの「問う力」，その重要性に気づいた教師なら必ず変えることができます。問いを創る授業はまさに，教育界を揺るがす教師の発想の転換と指導方法のスゴ技です。まるで天動説から地動説へコペルニクス的転回といえるでしょう。

　産まれたばかりの赤ちゃんは，小学校に入学するまでの間，ひたすら「問う」ことによって学び，知識を獲得し，試行錯誤しながら知恵をつけてきました。ところが，小学校に入学したとたん，先生からの発問にひたすら答える側になったのです。この繰り返しが，本来，子どもがもっていたであろう「問う力」を少しずつ少しずつ鈍らせ，しまいには，「不思議」を感じるセンサーを錆びさせてしまったのです。

　本書のタイトルは『問いを創る授業』，サブタイトルは『子どものつぶやきから始める主体的で深い学び』です。「あれ？ 対話的はないの？」と思った方もいらっしゃることでしょう。実は，子どものつぶやきこそが「問う力」であり，対話なのです。本文中でも紹介しましたが，ここでいう対話とは，自分との対話（自己内対話），他者との対話，課題との対話のことです。

　「馬を水辺につれていけても水を飲ませることはできない」という故事があります。人は他人に対して機会を与えることはできますが，それを実行するかどうかは本人のやる気次第であるという意味です。つまり，教師のできることは，子どもが自然とつぶやける機会を与えることです。それが本書のいうところの不思議のタネです。そして，アメリカの教育者ウィリアム・ウォード（William Ward）の「平凡な教師は言って聞かせる。よい教師は説明する。優秀な教師はやってみせる。しかし，最高の教師は子どもの心に火をつける」という言葉にもあるように，みなさんも一緒に未来の担い手である子どもたちの心に，問いを創る授業で火をつけてみませんか。

　最後に，本書の誕生は『たった一つを変えるだけ』というすてきな書籍との出合いがキッカケでした。20年以上も「質問づくり」の理論化と実践に取り組まれているダン・ロスステイン先生とルース・サンタナ先生，日本版訳者の吉田新一郎先生，RQIの大内朋子さんに心からの敬意を表します（RQIの活動は https://rightquestion.org/ からご覧いただけます）。

鹿嶋真弓

分担執筆者・協力者紹介

青野真弓	高知県心の教育センター指導主事
梅原幸子	元小学校教諭・NPO法人レクタス児童発達管理官
鹿嶋博章	江戸川区立葛西第三中学校教諭
川井英史	大分市教育センター指導主事
国沢亜矢	南国市立十市小学校教諭
黒木大輔	宮崎市立生目台西小学校教諭
白石久美香	新居浜市立西中学校教諭
髙木直哉	いなべ市立阿下喜小学校教諭
冨永佳美	高知市立江陽小学校教諭
中内佐穂	高知市立城西中学校教諭
中村早希	高知市立江陽小学校教諭
濵田実智雄	土佐市立蓮池小学校教諭
早川伸之	逗子市教育研究相談センター所長・元社会科教諭
細川知憲	高知市立江陽小学校教諭
松山起也	高知大学教育学部附属小学校教諭
水野淳介	高知市立西部中学校教諭
吉本恭子	高知市立城西中学校校長

50音順／敬称略（2018年9月現在）

編著者紹介

鹿嶋真弓（かしま・まゆみ）

立正大学心理学部特任教授。広島県生まれ。博士（カウンセリング科学）。上級教育カウンセラー，ガイダンスカウンセラー，認定カウンセラー，学級経営スーパーバイザー。東京理科大学卒業。筑波大大学院博士後期課程人間総合科学研究科生涯発達科学専攻修了。都内公立中学校教員，逗子市教育研究所所長，高知大学教育学部准教授，高知大学教職大学院教授を経て，2019年4月より現職。2007年には，NHK『プロフェッショナル仕事の流儀』で中学校教員時代の実績が紹介された。2008年には東京都教育委員会職員表彰を，2009年には文部科学大臣優秀教員表彰（生徒指導・進路指導）を，2010年には日本カウンセリング学会学校カウンセリング松原記念賞を受賞。
著書に『教師という生き方』（イースト新書Q），編著書に『中学校　学級経営ハンドブック』，『うまい先生に学ぶ　学級づくり・授業づくり・人づくり』，『うまい先生に学ぶ　実践を変える2つのヒント』，『ひらめき体験教室へようこそ』（以上，図書文化）等がある。
【本書担当】全体編集，執筆：第1章，第4章，第5章1節，3節

石黒康夫（いしぐろ・やすお）

桜美林大学教職センター教授。1958年東京都生まれ。博士（教育学）。上級教育カウンセラー，ガイダンスカウンセラー。東京理科大学卒業。明星大学博士後期課程修了。都内公立中学校教諭・教頭・校長，逗子市教育委員会教育部長を経て2018年より現職。2018年には日本行動分析学会第36回年次大会において，スクールワイドPBSの実績が認められ，学会実践賞を受賞。
著書に『学校秩序回復のための生徒指導体制モデル』（風間書房），共著に『自律心を育む！　生徒が変わる　中学生のソーシャルスキル指導法』（ナツメ社），『参画型マネジメントで生徒指導が変わる』（図書文化），『教師のコミュニケーション事典』（図書文化），『教育カウンセラー標準テキスト』（日本教育カウンセラー協会編，図書文化），『ガイダンスカウンセラー実践事例集』（スクールカウンセリング推進協議会編著，学事出版），共編に『困難を乗り越える学校』（図書文化），『エンカウンターで進路指導が変わる』（図書文化）等がある。
【本書担当】全体編集，執筆：第2章，第3章，5章2節

問いを創る授業

2018 年 11 月 20 日　初版第 1 刷発行 ［検印省略］
2022 年 9 月 30 日　初版第 4 刷発行

編著者　鹿嶋真弓・石黒康夫ⓒ
発行人　則岡秀卓
発行所　株式会社 図書文化社
　　　　〒 112-0012　東京都文京区大塚 1-4-15
　　　　電話 03-3943-2511　FAX 03-3943-2519
編集協力　辻由紀子
組　版　株式会社 Sun Fuerza
印　刷　株式会社 厚徳社
製　本　株式会社 村上製本所

JCOPY 〈出版者著作権管理機構 委託出版物〉
本書の無断複製は著作権法上での例外を除き禁じられています。
複製される場合は，そのつど事前に，出版者著作権管理機構
（電話 03-5244-5088，FAX 03-5244-5089，e-mail：info@jcopy.or.jp）
の許諾を得てください。

乱丁・落丁本の場合はお取り替えいたします。
定価はカバーに表示してあります。
ISBN　978-4-8100-8714-7　C3037

教職や保育・福祉関係の資格取得をめざす人のためのやさしいテキスト

改訂版 たのしく学べる 最新教育心理学

櫻井茂男 編　　　　　　　Ａ５判／264ページ　●定価 本体2,000円＋税

目次●教育心理学とは／発達を促す／やる気を高める／学習のメカニズム／授業の心理学／教育評価を指導に生かす／知的能力を考える／パーソナリティを理解する／社会性を育む／学級の心理学／不適応と心理臨床／障害児の心理と特別支援教育

学習意欲を高め，学力向上を図る12のストラテジー

科学的根拠で示す 学習意欲を高める12の方法

辰野千壽 著　　　　　　　Ａ５判／168ページ　●定価 本体2,000円＋税

「興味」「知的好奇心」「目的・目標」「達成動機」「不安動機」「成功感」「学習結果」「賞罰」「競争」「自己動機づけ」「学級の雰囲気」「授業と評価」の12の視点から，学習意欲を高める原理と方法をわかりやすく解説する。

「教職の意義等に関する科目」のためのテキスト

新版（改訂二版） 教職入門 ―教師への道―

藤本典裕 編著　　　　　　Ａ５判／224ページ　●定価 本体1,800円＋税

主要目次●教職課程で学ぶこと／子どもの生活と学校／教師の仕事／教師に求められる資質・能力／教員の養成と採用・研修／教員の地位と身分／学校の管理・運営／付録：教育に関する主要法令【教育基本法・学校教育法・教育公務員特例法・新指導要領】

生徒指導・進路指導・キャリア教育論
主体的な生き方を育むための理論と実践

横山明子 編著　　　　　　Ａ５判／240ページ　●定価 本体2,000円＋税

主要目次●生徒指導・進路指導・キャリア教育の歴史と発展／ガイダンス・カウンセリングの基礎的理論／児童生徒理解の方法・技術／生徒指導・進路指導・キャリア教育の組織と運営／児童生徒の問題行動の特徴と支援／生徒指導・進路指導・キャリア教育のアセスメント　ほか

わかる授業の科学的探究

授業研究法入門

河野義章 編著　　　　　　Ａ５判／248ページ　●定価 本体2,400円＋税

主要目次●授業研究の要因／授業を記録する／授業研究のメソドロジー／授業ストラテジーの研究／学級編成の研究／発話の研究／協同の学習過程の研究／発問の研究／授業タクティクスの研究／空間行動の研究／視線の研究／姿勢とジェスチャーの研究／板書の研究　ほか

「教育の方法と技術」「教育方法」のためのテキスト

三訂版 教育の方法と技術

平沢茂 編著　　　　　　　Ａ５判／208ページ　●定価 本体2,000円＋税

目次●教育の方法・技術に関わる諸概念／教育方法の理論と歴史／カリキュラム開発／授業における教師の役割と指導技術／教育メディアとその利用／教授組織と学習組織／教育における評価

〒112-0012 東京都文京区大塚1-4-15　図書文化　TEL03-3943-2511　FAX03-3943-2519
http://www.toshobunka.co.jp/

話題の教育テーマを押さえる！

中教審のキーパーソンが語る，授業と学校の不易とは。

シリーズ 教育の羅針盤⑤
新しい教育課程における アクティブな学びと教師力・学校力

無藤 隆 [著]　　　　四六判 272頁 ● 本体1,800円+税

教育界の各分野トップランナーが，最新の事情や話題の教育テーマを踏まえて持論を語るシリーズ「教育の羅針盤」。今作は，中教審委員として教育課程改訂に関わってきた著者が，前回改訂と今回改訂のつながりや，これからの教育の有り様について解説する。

道徳教育はこう変わる！　改革のキーパーソン，ここに集結！

「考え，議論する道徳」を実現する！
主体的・対話的で深い学びの視点から

「考え，議論する道徳」を実現する会 [著]　　A5判 192頁 ● 本体2,000円+税

文部科学省職員，中央教育審議会委員，道徳教育の研究者，先駆的に取り組んできた現職教員ら16人が，新しい道徳教育にかかわる教育現場の疑問に応えると共に，新しい道徳教育や，道徳科における授業の実現のポイントを解説する。

「主体的・対話的で深い学び」を実現する，たしかな授業設計論。

授業からの学校改革
「教えて考えさせる授業」による主体的・対話的で深い習得

市川 伸一 [編著]　　　　A5判 184頁 ● 本体2,200円+税

好評「教えて考えさせる授業」シリーズ学校事例編。学校ぐるみで取り組み，学力向上を実現している小中学校の実践を紹介する。授業が変わることで子どもが変わり，さらに教員集団が成長し，学校全体がよくなっていく道筋を描く6編のレポート。

本当のアクティブ・ラーニング，できていますか？

アクティブ・ラーニングのゼロ段階
学級集団に応じた学びの深め方

河村 茂雄 [著]　　　　A5判 72頁 ● 本体1,200円+税

実態に合わないグループ学習によって起こる，授業不成立や子どもたちの学力低下について警鐘を鳴らすと共に，これからの教育実践の最低ライン「学び合いのある集団」をどう確保するか提案する。学級集団だからできる深い学びをめざして。

図書文化

うまい先生に学ぶ教師のワザ

ひらめき体験教室へようこそ
－考えることが楽しくなる発想力と思考力のゲーム－
鹿嶋真弓 編著　　B5判　本体2,000円

学力や常識にとらわれない知的交流ができるナゾ解きゲーム。
勉強が苦手な子にも，自分の頭で考える喜びを伝えることができる。
学びのオリエンテーション，小規模校の異学年交流，生徒会活動の定番に。

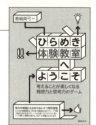

うまい先生に学ぶ　実践を変える2つのヒント
－学級経営に生かす「シミュレーションシート」と「蓄積データ」－
鹿嶋真弓 編著　　A5判　本体1,400円

常に進化する教師であるために。
シミュレーションシートを使って学級状態をアセスメントし，蓄積データをとってセルフモニタリングすることによって，日々の実践が変わる！

うまい先生に学ぶ　学級づくり・授業づくり・人づくり
鹿嶋真弓 編著　　B5判　本体2,200円

子どもがイキイキして，活動が積み上がっていくクラスは，何が違うのか？
すぐに真似したい実践をもとに，成果を上げる「考え方のコツ」を編者が解き明かす。

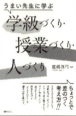

中学校　学級経営ハンドブック
鹿嶋真弓・吉本恭子 編著　　B5判　本体2,200円

「環境・約束」「信頼・仲間」「キャリア」の3つの柱に沿って，クラスの生徒が必ずのってくる失敗しにくい実践やエクササイズを厳選！
忙しくても，各学年・各時期のねらいとやるべきこと，活動のレパートリーが，一目で確認できる。

学校力の向上に

参画型マネジメントで生徒指導が変わる
－「スクールワイドPBS」導入ガイド　16のステップ－
石黒康夫・三田地真実 著　　B5判　本体2,200円

構成的グループエンカウンター事典
國分康孝・國分久子 総編集　　A5判　本体6,000円

教師のコミュニケーション事典
國分康孝・國分久子 監修　　A5判　本体5,400円

中学校向け

中学生のための語彙力アップシート
－思考とコミュニケーションの世界が広がる1500ワード－
藤川章 編著　川原龍介 著　　B5判　本体2,000円

いま子どもたちに育てたい　学級ソーシャルスキル　中学校
河村茂雄・品田笑子・小野寺正己 編著
B5判　本体2,600円

エンカウンターで学級が変わる[中学校編]
國分康孝 監修　　　　　　　　　各B5判
Part 1　本体2,233円　　Part 2, Part 3　本体2,500円

図書文化

SF161101　　　　　　　　　　　　　　　　※本体には別途消費税がかかります